Engelmann · Loffing

mini-handbuch Resilienz-Coaching

Bea Engelmann

Dina Loffing

mini-handbuch Resilienz-Coaching

MIT UMFANGREICHEN ONLINE-MATERIALIEN

MIT EINEM BEITRAG VON VOLKER BIESEL

BELTZ

HAFTUNGSAUSSCHLUSS:
Alle vorgestellten Techniken sind Anregungen, die nur von Fachpersonen nach eigenem Ermessen im Rahmen gesetzlicher Vorschriften genutzt und/oder variiert werden sollten. Autorinnen und Verlag übernehmen keinerlei Haftung.

MIX
Papier aus verantwortungsvollen Quellen
FSC® C089473
www.fsc.org

Dieses Buch ist erhältlich als:
ISBN 978-3-407-36786-0 Print
ISBN 978-3-407-36790-7 E-Book (PDF)
ISBN 978-3-407-36917-8 E-Book (epub)

1. Auflage 2023

in der Verlagsgruppe Beltz · Weinheim Basel
Werderstraße 10, 69469 Weinheim

Lektorat: Ingeborg Sachsenmeier
Umschlagillustration: Jonathan Bachmann
Herstellung: Michael Matl
Satz: publish4you, Roßleben-Wiehe
Druck und Bindung: Beltz Grafische Betriebe, Bad Langensalza
Printed in Germany

Weitere Informationen zu unseren Autor:innen und Titeln finden Sie unter: www.beltz.de

Inhaltsverzeichnis

Resilienz-Coaching: Intro

Wie schön, dass du da bist! Herzlich willkommen in diesem Resilienz-Coaching-Buch! – Vielleicht ist es wie im Coaching: Zunächst geht es darum, sich kennenzulernen, sich zu »beschnuppern« (Wen habe ich da eigentlich vor mir?), sich aneinander heranzutasten, bevor wir den wirklichen Raum betreten und uns vertrauensvoll bei unserem Coach niederlassen. Vielleicht haben wir eines Tages die Möglichkeit, dich kennenzulernen (oder wir kennen dich schon, wie schön!). Dir geben wir jetzt die Möglichkeit, ein bisschen mehr über uns zu erfahren, bevor wir dich in die Inhalte von Resilienz im Coaching mitnehmen.

Bea: »Dina, warum bist du gern Coach? Und warum schreibst du dieses Buch über Resilienz-Coaching?«
Dina: »Für mich gibt es gar nicht viel Sinnvolleres, als Menschen, die an sich arbeiten wollen, dabei zu unterstützen, noch mehr zu sein, wer sie sind. Fast ist Resilienz – also unsere innere Stärke – gleichzusetzen mit dem festen Glauben an sich und dem Weg zu einem selbstbewussten, glücklichen und zufriedenen Selbst. Ich bin sehr dankbar für das immense Vertrauen, das meine Coachees und ich uns gegenseitig schenken. Dadurch erarbeiten wir uns einen Raum, in dem nicht weniger als die beurteilungsfreie Entwicklung von Persönlichkeit und Individualität stattfinden darf! Und sich selbst zu finden, zu vertrauen und zu mögen ist – zumindest aus meiner Sicht – ein Sinn unseres Lebens. Für so etwas Großes und dafür, dass andere Coaches dies ebenfalls machen können, bin ich dankbar, einen kleinen Beitrag leisten zu dürfen.
Bea, was ist deine Intention und was bedeutet Coaching für dich?«
Bea: »Ich finde es wundervoll, dass wir unsere persönliche Resilienz trainieren können! Das wusste ich früher nicht und ich bin das beste Beispiel dafür, dass es möglich ist. Denn ich habe die Positive Psy-

chologie für mich entdeckt und wirklich lieben gelernt. Mithilfe von Strategien, viel Training und Lust auf Entwicklung ist das möglich – und ich möchte dazu beitragen, dass viele Menschen davon erfahren und es in ihr Leben integrieren, wenn sie das wollen. Als Coach empfinde ich es als so sinnvoll, meinen Coachees den Raum für Selbstreflexion und Selbstvertrauen zu öffnen. Mein Schwerpunkt liegt darauf, dass die Coachees neue Glaubenssätze entwickeln, einen ehrlichen und positiven Blick auf sich haben und praktisch anwendbare Impulse erhalten, die ihren Alltag spürbar verbessern. Es ist mir ein echtes Herzensanliegen, Menschen fit und stark für ihren Weg durchs Leben zu machen.
Sag mal, Dina, was machst du persönlich für deine Resilienz?«
Dina: »Ich habe mir seit etwa eineinhalb Jahren eine morgendliche Routine angewöhnt, bei der ich mich erst innerlich für mich und dann auf den Tag einrichte. Dabei kombiniere ich am liebsten sanfte Bewegung (Yoga) mit Stille (Meditation). Zwölf bis 15 Minuten reichen mir dafür schon. Dass ich das regelmäßig mache (werktags ›eigentlich‹ immer), ist das Wichtige für mich. Manchmal mache ich das auch abends noch einmal kurz. So kann ich sicher sein, dass ich spätestens am nächsten Morgen wieder zu Bewusstsein komme, wenn ich tagsüber ›aus meiner Baseline fliegen‹ sollte, und ich weiß, was ich dann zu tun habe.
Wann fühlst du dich denn resilient, Bea? Und machst du täglich etwas, das dich stärkt?«
Bea: »In herausfordernden Situationen merke ich, dass ich wirklich ein Stehaufmännchen bin. Ich spüre dann richtig meine innere Stärke! In den letzten zwei Jahren ist mir Sport sehr wichtig geworden. Und ich bin dankbar, dass ich jeden Tag Sport machen kann – auch wenn ich manchmal dafür sehr früh aufstehen muss. Ich liebe Radfahren, Tanzen, Pilates und seit Neuestem Boxen. Wenn ich einmal down bin, lege ich eine Box-Session ein, dann geht es mir wieder gut. Außerdem gehe ich jeden Tag in die Stille. Ich brauche diesen Mix aus Bewegung und Stille.

Ich freue mich so, dass wir dieses Buch gemeinsam schreiben, liebe Dina! Und du, Volker, bist unser Gastautor – danke, dass du dabei bist. Wie würdest du dich als Coach beschreiben?«

Volker: »Die Nichtbeantwortung dieser Frage mit der Antwort ›Frage meine Coachees, die wissen es besser!‹, würde meine Haltung vielleicht sehr gut beschreiben, aber auch vieles offen lassen. Daher ergänze ich: ›fördernd und fordernd mit einer Liebe für Ambivalenzen und dem Selbstverständnis mich in der Coach-Coachee-Beziehung so schnell es geht, arbeitslos zu machen. Dabei hilft mir der vierjährige Junge in mir, den ich bei mir trage und schätze – seine ungebrochene Neugier, seine Spielfreude, seine Kreativität und seine Spontaneität sowie die Bereitschaft, sich auf Prozesse einzulassen, deren Ausgang er nicht kennt.‹«

Bea: »Das klingt sehr persönlich und nach viel Freude beim Coachen! Und was bedeutet Resilienz für dich?«

Volker: »Resilienz bedeutet, das zu tun, was ich wirklich will. Das ist nicht einfach, denn dazu muss man wissen, was man wirklich will.

Mein bester Freund, Andreas, ist Unternehmer. Er nimmt sich in Phasen, in denen er vor lauter Stress nicht weiterzukommen Gefahr läuft, schon gleich zum Anfang eine Auszeit und macht etwas ganz anderes: Auto waschen und oder Zeitschriften lesen. Von ihm habe ich gelernt, dass es sinnvoll ist, auch im Alltag genau das zu tun, wonach einem ist, denn darin ist man genau dann gut. Später kommt die Zeit für die Dinge, die man noch nicht angehen konnte. Diese gehen einem dann viel leichter von der Hand. So bringt Resilienz Zufriedenheit und Lebensglück.«

Dina: »Ich glaube fest daran, dass wir drei mit unseren unterschiedlichen Sichtweisen unseren Leserinnen und Lesern, allen Coaches und Coachees mit diesem Buch ein Geschenk machen können.«

Bea: »Daran glaube ich auch!«

Der Buchaufbau

Im ersten Buchteil erfährst du zunächst, was wir grundlegend für wichtig halten. Im zweiten Teil erläutern wir ausführlich die sieben Resilienzstufen. Trotz allem, was wir an Wissen und an Erfahrung gesammelt haben, haben sich diese sieben Bereiche der Resilienz und unser gewähltes Bild der Leiter erst während des Schreibens dieses Buches entwickelt. Wir unterscheiden uns dabei von den sieben Säulen der Resilienz. Die sieben Stufen, in denen sich Resilienz aus unserer Sicht aufbaut, folgen einander wie die Stufen einer Leiter und lassen sich so gut in den Coachingprozess einbinden:

1. Selbstbewusstheit
2. (Selbst-)Akzeptanz
3. Selbstverantwortung
4. Selbstmanagement
5. Optimismus
6. Coping
7. Lebensfreude

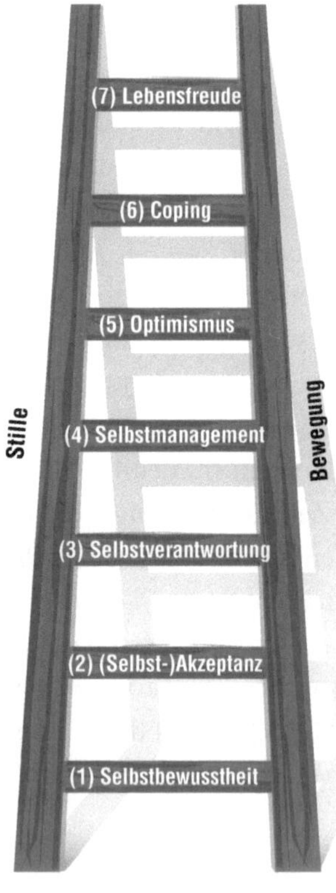

Diese sieben Stufen behandeln wir also im zweiten Teil dieses Mini-Handbuchs. Zunächst geben wir immer einen kurzen, praxisnahen theoretischen Input. Anschließend folgen die Übungen, die zur jeweiligen Stufe passen. Alle Übungen aus dem Buch sowie noch weitere erhältst du bei den Online-Materialien zum Buch auf der Homepage des Beltz Verlags: www.beltz.de.

Eingefasst werden die Stufen dieser Leiter von den Polen »Stille« und »Bewegung«. Trotz ihrer auf den ersten Blick erscheinenden Gegensätzlichkeit sind sie Partner, die wir auf dem Wege zur Resilienz auf allen Stufen gleichwertig benötigen. Dabei müssen die Stufen einer Leiter nicht regelmäßig sein. Die Stufenhöhe kann variieren, Stufen können griffig oder glitschig sein. Einige Stufen kennen wir wie unsere Westentasche, meinen, darüber springen zu können – um einige Zeit später einen Schritt auf eben diese zurückzukehren. Weder das Leben noch ein Coaching verlaufen geplant »in einer Linie« und so ist auch dieses Buch als Leitoption mit aller Flexibilität für dich gedacht.

Wichtig ist uns zudem, dass es ein Fundament gibt, welches die grundlegende Stabilität für dich als Coach und in der Weitergabe an deine Coachees beinhaltet. Dieses starke und gleichzeitig flexible Grundgerüst schauen wir uns mit dir im Kapitel »Haltung« an.

Und ein Aspekt ist uns noch wichtig: Für uns ist die Resilienzleiter leicht. Sie kann groß oder klein sein, sichtbar oder unsichtbar und vor allem transportabel. Du kannst sie *immer* und *überall* auspacken, anlehnen, anschauen und nutzen.

Jede einzelne der sieben Stufen verdient so viel Beachtung, dass wir »eigentlich« für jede Stufe ein eigenes Buch dazu schreiben müssten. Ziele dieses Buches sind für uns jedoch folgende:

- Du bekommst eine Übersicht über alle relevanter Bereiche, die für das Coachen im Kontext Resilienz wichtig sind.
- Du erhältst einen Strauß theoretischer Impulse in jedem der Bereiche. Wir haben dazu exemplarisch die Modelle und Theorien für dich in Kürze aufbereitet oder zusammengefasst, die aus unserem theoretischen Wissen und aus unserer praktischen Erfahrung wichtig sind. In den Kästen »Dein Check« kannst du direkt reflektieren, was du damit zu tun hast. Alle Checks kannst du dir bei den Online-Materialien direkt beim Buch auf der Homepage www.beltz.de herunterladen.

- Wenn du Theorien beziehungsweise Perspektiven einzelner Autoren vertiefen möchtest, nutze gern unsere Literaturtipps »Food for Thought«, die wir am Ende der Kapitel für dich zusammengestellt haben.
- Du erhältst zudem Übungen, die wir für dich so praxisnah wie möglich entwickelt haben, die du für dich selbst und in deinen Coachings 1:1 anwenden kannst. Die Übungen findest du ebenfalls alle bei den Online-Materialien.
- Du bekommst für dich und deine Coachees »Soulfood«, das leicht zugänglich im Alltag hilft, schnell in die eigene Stärke zurückzufinden.
- Du kannst die von uns je Stufe zusammengestellten Instrumente und Werkzeuge direkt in deinen Coachings einsetzen. Als Kopiervorlagen haben wir sie zusätzlich zum Download für dich bereit gestellt. So kannst du direkt loslegen.

Möge dieses Buch ein stärkender Begleiter sein für dich und deine Coachees!

P.S.: Wir sind Lernende. Bitte schickt uns Feedback und eure Fragen und Gedanken – dann können wir in einer potenziellen zweiten Auflage nicht nur unsere Erfahrungen, sondern auch eure Erfahrungen miteinbeziehen. – Wir freuen uns darauf:

- willkommen@bea-engelmann.de
- dl@drdinaloffing.de
- volker.biesel@context-prozessberatung.de

Teil 1

Grundlagen

Resilienz-Coaching: Unser Selbstverständnis

COACHING IST EIN RAUM FÜR BEGEGNUNG. Jeder Coachee lässt sich in einem Coaching auf etwas ein. Er oder sie lässt es zu, einem Coach zu begegnen, vielmehr jedoch sich selbst. In den allermeisten Fällen ist Coaching ein Raum, um innezuhalten. Als Coach unterstützen wir in diesem Raum, dass sich unsere Coachees zunächst bewusst machen, wo sie stehen, was leicht läuft, was gerade schwerfällt oder welche Bedürfnisse und Gefühle im Lärm des Alltags überhört werden. Dabei geht es also nur auf den ersten Blick um die Begegnung mit dem Coach. Beim näheren Hinschauen wird deutlich, dass es um sehr viel mehr geht: um die Begegnung unseres Coachees mit sich selbst.

TANZPARTNERIN. Coachees melden häufig zurück, dass sie diesen Raum vor allem als »bewertungsfreien Raum« wertschätzen. Es darf ein Raum sein, wo es nicht um richtig oder falsch geht, sondern um eine Partnerschaft für die Zeit des gemeinsamen Tanzes und der Begegnung neuer Facetten des Selbst. Im gemeinsamen Tanz zwischen Coach und Coachee geht es um »passende« Fragen, Perspektiven und Methoden im Hinblick auf »passende« Lösungsvisionen. Wie bei einem Tanz – ebenso wie bei einer gemeinsamen Reise – gibt es einen definierten Rahmen, jedoch keinen Plan, der alles bis ins letzte Detail festlegt. Denn im Laufe des Prozesses verändern sich die Bedingungen, sodass es notwendig ist, die angedachten nächsten Schritte neu zu planen, die dann wiederum ausprobiert werden dürfen. Und nicht selten verändern sich im Prozess auch die Coachees selbst.

VERLETZLICHKEIT-IN-MUT-VERWANDLER. Für uns ist Coaching kein Werkzeugkoffer, den jede Mechanikerin bei jedem Auto nutzen kann. Für uns ist Coaching eine höchst sensible Beziehung zwischen dem Coach und seinen Coachees, da es häufig kaum andere Räume gibt, in denen die eigene Vulnerabilität gleichermaßen deutlich *und* sanft in verhältnismäßig fremde Hände gelegt wird. Selbst die Wirkung einer standardisierten Coachingmethode ist davon abhängig, wer diese wem gegenüber in welchem Setting wie anwendet. Maßgeblich für jegliche zwischenmenschliche Interaktion und Intervention ist die Beziehung zwischen Coach und Coachee. Die eigene Bewusstheit als Coach, unsere vollumfängliche Aufmerksamkeit im Raum und unsere Fähigkeit des einfühlenden, bewertungsfreien Zuhörens sind nur einige Voraussetzungen, die vulnerable Offenheit und die Arbeit ohne Fassadendasein zu ermöglichen.

WÜRDIGER. In den allermeisten Fällen sind unsere Coachees, bevor sie unseren gemeinsamen Raum betreten, bereits einen eigenen Weg gegangen. Einen Weg des Abwägens, des Überlegens, was es für das Selbstbild zu bedeuten hat, nun zu einem Coach zu gehen. »Bekomme ich mein Leben etwa allein nicht auf die Reihe?«, ist eine häufige Ausgangsfrage. Ist es eine Schwäche oder eine Stärke, zu einem Coach zu gehen? Wir sehen uns in der Pflicht, diesen bereits gegangenen Weg unserer Coachees angemessen zu würdigen, bevor wir mit ihnen in den Prozess einsteigen.

Bewusstheit ist der unterschätzte Coach des Lebens.

REISELEITERIN IN DIE WELT DER BEWUSSTHEIT. Da der größte Anteil unseres Lebens unbewusst abläuft, gilt es im Coaching, das tägliche Hamsterrad anzuhalten, innehalten und eine aktuelle kognitive und emotionale Standortbestimmung zu machen. Dabei sind unsere Aufgaben unter anderem

- Ressourcen, Probleme, Ziele und Visionen zu entdecken und zu konkretisieren ebenso wie
- verschiedene Verhaltensebenen, unbewusste Rollen, Erwartungen, Leitsätze und Muster in der eigenen Wahrnehmung, im Denken und im Verhalten bewusst zu machen.

Bevor wir über neue Denk- und Verhaltensmuster nachdenken können, müssen wir uns der vorhandenen »alten« bewusst werden. Dabei geht es keinesfalls immer um Veränderung. Auch die bewusste Würdigung bestehender, aktiv aufgebauter oder unbewusst erworbener Denk- und Verhaltensweisen ist wesentlich. Dies alles können für unsere Coachees neue Welten sein, in die wir sie als eine Art Reiseleiterinnen Schritt für Schritt hineinbegleiten.

DENKHELFERIN. Als Coach helfen wir weniger bei den Inhalten, sondern vor allem beim Denken. Das kann bedeuten, gewohnte Gedanken und Bilder neu zu denken, alternative Gedanken und Bilder anzubieten. Wachsam und sensibel spiegeln wir im ersten Schritt wiederkehrende Muster, um dann – wenn gewünscht – Angebote für deren Hintergründe und mögliche Alternativen zu erarbeiten. Unsere Funktion als Spiegel und Feedbackgeberinnen dessen, was im Raum ist, ist dabei eine sehr wichtige.

PROAKTIVER »EMPOWERMENTOR«. Unser Ziel im Coaching ist es, dass unsere Coachees alle ihre Werkzeuge kennenlernen, im Alltag sehen und für sich selbst angemessen anwenden können. Wir helfen, Handlungsoptionen zu generieren, damit sie in Bewegung kommen und wirklich wissen, was sie situationsspezifisch oder generell machen können. Ebenso wichtig ist, dass unsere Coachees ist in guter Beziehung zu sich selbst sind. Auf der einen Seite ist es Ziel, unsere Coachees von dem Raum »Coaching« unabhängig zu machen. Auf der anderen Seite benötigen wir diesen Raum immer wieder zur Reflexion! Unser Kopf ist rund und allein denken wir früher oder später im Kreis. Wie schön ist es, wenn Coaching auch als Möglichkeit des Innehaltens, des Bewusstmachens, für einen Boxenstopp ohne Not oder für ein Verstetigen und Nachhalten der gewünschten Denk- und Verhaltensmuster genutzt wird, ohne dass es eine Notwendigkeit gibt …

Erfolg im Coaching definieren wir so:

- Unsere Coachees benötigen keine Fassade. Sie können sich öffnen und vertrauen sich uns an.
- Wir dürfen Selbstbeziehung initiieren und stärken.
- Wir dürfen Verletzlichkeit sichtbar machen.
- Wenn sich Gedanken, Haltungen, Emotionen bewegen …, dürfen wir Hoffnung schenken.
- Wir dürfen Zugänge öffnen zu den Ressourcen, Einflussbereichen und Wahlmöglichkeiten unserer Coachees.
- Wir dürfen ermutigen, über »die rote Linie« zu gehen und Neues zu wagen.
- Wir unterstützen hin zu Bewusstheit, Struktur und Klarheit, um Großes in handhabbare Stücke aufteilen zu können.
- Wir unterstützen, die Handlungs- und Bewältigungskompetenz zu erhöhen (»Ich weiß, was und wie ich handeln kann, will und darf.«).
- Wir dürfen einen Beitrag leisten zu (Selbst-)Liebe, Zufriedenheit und Frieden sowie dass jeder einzelne Mensch verinnerlicht, dass er richtig und wichtig ist auf dieser Welt.

FOOD FOR THOUGHT

- Migge, B. (2023): Handbuch Coaching und Beratung. Weinheim: Beltz.
  Ein dicker Klassiker mit geballtem Wissen, vielen konkreten Falldarstellungen und umfangreichen Übungen.
- Radatz, S. (2010): Einführung in das systemische Coaching. Heidelberg: Carl-Auer.
  Sehr praxisnahe Fragen – kleines Format für einen guten Überblick.

- Yalom, I. (2014): Yaloms Anleitung zum Glücklichsein. Dokumentarfilm. Ein wunderschöner Film über das Leben – ebenso weise wie alle anderen Bücher von Irvin D. Yalom, zum Beispiel seine Memoiren »Wie man wird, was man ist« (2017).

Resilienz – die innere Stärke für unser Leben

ELASTIZITÄT STÄRKEN. Die WHO definierte bereits 1948 Gesundheit als einen »Zustand völligen psychischen, physischen und sozialen Wohlbefindens«. Für den Teil des *psychischen* Wohlbefindens spielt unsere Resilienz eine, wenn nicht sogar die entscheidende Rolle. Resiliente Menschen sind widerstandsfähig (resilire, lat. = abprallen; resilience, engl. = Spannkraft). Sie haben gelernt, in herausfordernden Situationen und Lebensphasen ihr Denken, Fühlen und Handeln positiv anzupassen. Sie sind so »elastisch«, dass sie mit Herausforderungen verschiedenster Art erfolgreich umgehen können und ihr ursprüngliches psychisches Funktionsniveau wiederherstellen können. Bei den Navi SEALs wird Resilienz definiert als Fähigkeit, so schnell wie möglich zur eigenen »Baseline« zurückzukommen (Diviney 2021).

Beim Begriff Resilienz sind Autorinnen und Autoren unterschiedlicher Meinung,

- ob Resilienz eine primärpräventiv und somit stets zu stärkende Kraft ist (Engelmann/Loffing 2023),
- ob Resilienzfaktoren notwendig sind, um Veränderungen und Probleme bewältigen zu können (Reivich/Shatté 2003) oder
- ob sogar nur dann von Resilienz die Rede sein kann, wenn individuelle, soziale oder gesellschaftliche Risikofaktoren, wie etwa ein erhöhtes Depressionsrisiko oder familiäre Gewalt, vorhanden sind (Hammelstein 2006, S. 18).

Selbstverständlich benötigen (und verbrauchen) wir in Krisen mehr Stärke als auf ruhiger See. Wir bezeichnen eine Krise als solche, wenn wir für eine außerordentlich belastende Lebenssituation noch keine geeigneten Bewältigungsstrategien zur Verfügung haben

(Sonneck 1997). Dabei können wir zwischen drei Arten von Krisen unterscheiden:

- traumatische Krise (Auslöser: individuelle Schicksalsschläge, Todesfall, Unfall, schwere Erkrankung ...)
- Lebensveränderungskrise (Auslöser: Pubertät, Hochzeit, Scheidung, Midlife-Crisis ...)
- kollektive Krise (Auslöser: Naturkatastrophen, Krieg, Pandemie ...)

RESSOURCEN ERWEITERN. Nach unserer Auffassung ist und bietet Resilienz sehr viel mehr als den souveränen Umgang mit Krisen. Natürlich ist es in unserem Leben wiederkehrend relevant, wie wir mit Herausforderungen umgehen und ebenso, wie wir uns vor Verletzungen schützen. Doch auch der Blick darauf, wie wir unsere vorhandenen Ressourcen erweitern und aktiv für unser Wohlsein sorgen, erhöht unsere Widerstandskraft. »Wahre Resilienz fördert das Wohlbefinden, ein grundlegendes Gefühl von Glück, Liebe und Frieden« (Hanson 2021, S. 11). In seinem Buch »Das resiliente Gehirn« betont Hanson, dass Wohlbefinden und Resilienz einander ähnlich einer Aufwärtsspirale begünstigen. Dabei ist der Weg zur inneren Stärke ein Weg der Selbsterkenntnis. Zu erkennen, was ich brauche, um mich wohlzufühlen, ist ein Teil dessen. Wie ich akzeptieren kann, was ich bin und nicht bin und wie ich mutig zu mir mit allen meinen Anteilen stehe und für mich eintrete – das alles sind Schritte auf diesem Weg zur Resilienz beziehungsweise auf dem Weg zu sich selbst.

Nun kannst du bereits den ersten Check durchführen. Alle Checks findest du übrigens auch bei den Online-Materialien. Du kannst dafür ebenso ein Notizbuch nutzen und alle deine Reflexionen eintragen.

ÜBUNG

DEIN CHECK: MEINE SICHT AUF RESILIENZ

Was bedeutet Resilienz für mich?

___

___

___

Wobei spielt Resilienz in meinem Leben eine Rolle? Wann »benötige« ich sie?

___

___

___

RESILIENZ ALS LEBENSHALTUNG. Dem Gedanken »Resilienz sei nichts anderes als der Weg zu sich selbst« folgend, ist Resilienz keine Frage von Verhalten, sondern etwas Substanzielles, eine Haltung – dem Leben und in erster Linie sich selbst gegenüber. Dabei ist mit »Haltung« auch der eigene Halt gemeint. Der immer wiederkehrende Auf- und Ausbau unserer eigenen Substanz. Doch um unsere ureigene, echte Substanz zu stärken, müssen wir diese gut kennen. Wir müssen wissen, was unsere Werte, unsere Ziele sind und wo unsere Grenzen liegen. Die Bewusstheit dessen erfordert eine klare Sicht, die der ersten Stufe im Resilienz-Coaching entspricht. Da diese in Krisenzeiten, wenn der Sturm bereits fegt, bei den Coachees meist nicht vorhanden ist, ist es unsere Aufgabe als Coach, präventiv am Fundament zu arbeiten und Raum für einen Dialog zu bieten, wo Begegnung mit sich selbst möglich ist.

Je ruhiger das Wetter und je klarer die Sicht, umso fundamentaler können wir präventiv an Resilienz arbeiten.

SCHUTZ- UND RISIKOFAKTOREN. Dem Ergebnis der inneren Stärke liegt ein Prozess zugrunde, der fortwährender Fürsorge bedarf. Selbstverständlich entwickeln wir das Fundament unserer inneren Stärke idealerweise, wenn auch meist unbemerkt, bereits in Kindheitstagen. Durch die Erfahrung sozialer Unterstützung aus dem Umfeld, durch tragfähige Beziehungen und verlässliche Bezugspersonen machen wir wichtige Erfahrungen, die in unser Resilienz-Konto einzahlen (Schutzfaktoren). Ungünstige Stressverarbeitungsmuster, kritische Lebensereignisse, Belastungen in Beziehungen und im sozialen Umfeld, ein niedriges Selbstwertgefühl, aber auch genetische Prädispositionen können Risikofaktoren sein. Doch nur ein kleiner Teil der Resilienz scheint vererbbar zu sein. Für uns als Coaches eine gute Nachricht, da Resilienz zum großen Teil aus erlernbaren Strategien besteht.

RESILIENT OHNE ENDE? Flexibel, elastisch – also immer erlernbar? Ja. Und: Resilient zu sein und zu bleiben bedeutet Arbeit. Je älter wir werden, desto mehr sind Denk- und Verhaltensmuster fest eingefahren. Auch dann noch ist ein Marathon möglich – halb oder ganz, so wie wir es wollen. Jedoch ist es wahrscheinlich, dass wir mit mehr Training, einigen Rückschlägen und einem höheren Aufwand rechnen dürfen, je nachdem, von wo wir mit unserem Coachee starten.

HALTUNG COACHEN. Vonnöten und in einem wirkungsvollen Coaching zentral ist dabei jedoch, die kurzfristigen Erfahrungen neuronal zu platzieren. Erst die positiv genutzte Neuroplastizität, die zielorientierte Veränderung neuronaler Strukturen, geht mit einer *wirklichen* beziehungsweise potenziell dauerhaften Veränderung einher. Für unser gesetztes Ziel sind Übung und Ausdauer notwendig. Und wir müssen unser Gehirn aktiv miteinbeziehen, um es wie einen Muskel zu trainieren beziehungsweise umzuprogrammieren. Konkrete Möglichkeiten, wie wir dies coachen können, zeigt das Kapitel »Haltung coachen« (s. S. 40 ff.).

AUTOMATISMEN ERKENNEN. Manchmal erleben wir in der gemeinsamen Arbeit auch Überraschungen. Immer dann zum Beispiel, wenn wir Ressourcen freilegen, die im langen Tiefschlaf gewesen sind. Dazu können Erfahrungen gehören, wie wir als Jugendlicher mit Stress in der Schule umgegangen sind. Dass uns »damals« die Spaziergänge bei Wind und Wetter durch den Wald zu tiefem Auftanken verholfen haben …

Aus wiederkehrenden Gedanken und Handlungen werden Gewohnheiten und diese wiederum zu Automatismen. Den Raum zu geben, genau diese aufzudecken, ist die Eintrittspforte für Resilienz und für die erste Stufe der Selbstbewusstheit. Resilienz zeigt sich für uns somit in allen Ebenen.

- Im Denken: Unsere Coachees kennen ihre Denk- und Handlungsmuster und sind sich ihrer Gewohnheiten und Muster bewusst.
- Im Fühlen: Die Coachees verstehen Resilienz als eine Lebenshaltung, in die es sich stets zu investieren lohnt (und vielleicht auch als eine Liebeserklärung an sich selbst und das Leben).
- Im Handeln: Coachees verfügen sowohl über innere Stärke als auch über eine Widerstandskraft gegenüber Herausforderungen und ein jederzeit aktivierbares Handlungsrepertoire.

FOOD FOR THOUGHT

- Hanson, R. (2021): Das resiliente Gehirn. Wie wir zu unerschüttlicher Gelassenheit, innerer Stärke und Glück finden können. 2. Auflage. Freiburg: Arbor.
  Ein achtsames Buch mit neuen, theoretischen Perspektiven und praktischen Anwendungstipps.

- Prieß, M. (2019): Resilienz. 3. Auflage. München: Goldmann.
  Lebensnah und Mut machend auf dem Weg zu sich selbst.
- Wellensiek, S. K. (2016): Fels in der Brandung statt Hamster im Rad. Zehn praktische Schritte zu persönlicher Resilienz. 2. Auflage. Weinheim, Basel: Beltz.
  Dieser praktische Leitfaden zeigt Trainern, Coaches und Führungskräften, wie sich Resilienz entwickeln lässt. Übungen, Tipps und Tricks werden praxisnah und gut verständlich geschildert.

Das Fundament – Haltung entscheidet

EINE EINLADUNG FÜR DICH. Für die meisten Menschen ist Erfolg mit Schnelligkeit verbunden. »Wir haben keine Zeit zu verlieren.«, »Trödel nicht rum!«, »Zeit ist Geld!« oder »Beeil dich!« sind Sätze, die sich bei den meisten von uns fest verankert haben. Häufig haben sich dadurch (unbewusst) Muster etabliert, mit denen wir uns verbieten, erst einmal in Ruhe die Lage zu sondieren, uns ein Bild vom Geschehen zu machen und einen möglichen Plan zu überlegen. Vielleicht hast du in deinen Coachings auch den Anspruch, dass es direkt losgehen kann: Was ist das Problem meines Coachees, wo will er hin? Welche Instrumente kann ich nutzen, um ihn auf seinem Weg bestmöglich zu unterstützen? Für unsere Coachees gilt zwar häufig ebenfalls »Zeit ist Geld« und sie bringen uns ihre Erwartung mit, dass wir bitte schnelle Resultate erzeugen sollen und sie am liebsten gleich morgen konkrete Veränderungen erleben. Eine Intervention kann jedoch nur dann gut sein kann, wenn sie auf eine ausführliche Diagnose aufbaut. Das ist der Grund, warum wir nicht direkt mit Interventionen loslegen, sondern Schritt für Schritt im Coaching vorgehen.

HALTUNG VOR VERHALTEN. Das Sichtbarwerden von Resultaten und Wandlungen erfolgt in der Regel auf Verhaltensebene. Doch wenn wir wirkliche Veränderung initiieren möchten, muss dies auf der Haltungsebene geschehen. Dafür ist es notwendig, den emotionalen Teil des Gehirns anzusprechen. Nur so ist Motivation möglich.

Da es im Resilienz-Coaching unsere Aufgabe ist, die Coachees darin zu unterstützen, innere Stärke zu entwickeln, laden wir dich ein, zunächst *deine* zugrunde liegende Haltung zu betrachten, bevor du deine Coachees bezüglich ihrer Haltung coachst.

- Für dich als Mensch: Wo liegt dein Entwicklungspotenzial?
- Für deine Professionalität als Coach: Welche Haltung ist förderlich, um coachen zu können?
- Für deine Coachees: Wie lässt sich Haltung coachen? Dies ist ein eigenes Kapitel, geschrieben von Volker Biesel.

UNSERE HALTUNG ALS MENSCH

Wie geht es dir in Bezug auf Haltung? Unser Eindruck ist, dass wir Menschen uns nur selten mit unserer inneren Haltung auseinandersetzen. Dabei ist unsere tägliche Wahrnehmung, unsere Kommunikation und unser individuelles Wertesystem geprägt von unserer dahinterliegenden Einstellung. Martin Permantier hat sich mit dem Thema »Haltung« ausführlich beschäftigt und definiert diese in seinem Buch »Haltung entscheidet«: »Haltung ist die durch Werte und Moral begrenzte Gesinnung beziehungsweise Denkweise eines Menschen, die den Handlungen, Zielsetzungen, Aussagen und Urteilen des Menschen zugrunde liegt. Sie bestimmt, wie wir mit eigenen Impulsen umgehen und welche Maßstäbe für unser Handeln wir verinnerlicht haben. Sie bezeichnet die aus der Erfahrung kommende Bereitschaft eines Individuums, in bestimmter Weise auf eine Person, eine soziale Gruppe, ein Objekt, eine Situation oder eine Vorstellung wertend zu reagieren, und prägt so unsere Art und Weise, mit anderen umzugehen. Unsere Haltung drückt sich in unseren Annahmen und Überzeugungen, in unseren Gefühlen und Emotionen und unserem Verhalten aus. Sie ist ein Realitätsfilter, der bestimmt, worauf wir unsere Aufmerksamkeit richten und was wir wahrnehmen können« (Permantier 2019, S. 13). In dieser Definition wird deutlich, wie prägend unsere Haltung für unser tägliches Verhalten und somit für unser Leben ist. Viel zu häufig machen wir uns keine Gedanken über die Werte und Maßstäbe, die unserem Denken zugrunde liegen. Hinzu kommt, dass wir diese nicht immer aktiv und bewusst selbst gewählt haben, sondern die Vorstellung annehmen (und für unsere halten), die wir vorgelebt bekommen und »alle anderen« auch haben. Da unsere Haltung unserem Leben die Färbung schenkt, sollten wir uns damit ganz bewusst auseinandersetzen.

ÜBUNG

DEIN CHECK: WIE DEFINIERE ICH HALTUNG?

Was von der Definition von Martin Permantier passt für dich persönlich? Welche Begriffe fallen dir zu Haltung ein?

____

____

____

ERHÖHUNG DER ORTSKENNTNIS: WO STEHE ICH UND WO STEHST DU? Um Menschen für ihre Weiterentwicklung dort abzuholen, wo sie sich auf ihrer Lebensreise gerade befinden, benötigen wir nicht nur die Ortskenntnis ihrer aktuellen Situation, sondern auch die der (derzeit) zugrunde liegenden Haltung. Denn Haltung verändert sich.

Im Zuge unserer biopsychologischen Entwicklung durchlaufen wir – zumeist unbewusst – verschiedene Stadien. So sind für uns Menschen zu Anfang rein physiologische Bedürfnisse die wichtigsten, ebenso die Erfahrung von Vertrauen versus Misstrauen. Im Laufe der Entwicklung als Kind werden dann soziale und kognitive Bedürfnisse wichtig. Für Jugendliche und Erwachsene kommen schließlich individuelle, autonome und globale Bestrebungen hinzu (Erikson 1973; Piaget 2010). Aus diesen und weiteren entwicklungspsychologischen Modellen entwickelte Permantier sechs Haltungen (Permantier 2019), die wir dir in einer Übersicht zeigen möchten. Spannend finden wir dieses Modell sowohl für die eigene Standortbestimmung als Coach als auch für die Arbeit mit den Coachees.

Oft gibt es ein unerwünschtes Verhalten, was verändert werden soll. Liegt das Wunschverhalten jedoch in einem anderen »Entwicklungsstadium«, so gilt es, sich dies zunächst bewusst zu machen. Die Arbeit hin zu einem nächsten Stadium ist komplex und steht im Zusammenhang mit Erfahrungen, inneren Mustern, Rollen sowie in Zusammenhang mit dem Kontext, in dem wir sich diese gerade befinden. Die Arbeit mit Hindernissen und Glaubenssätzen kann hier unterstützen zu verstehen, wo sie sich befinden und was sie tun beziehungsweise loslassen sollten, um in Richtung Ziel weitergehen zu können.

UNSERE ERFAHRUNG MIT DEM MODELL DER SECHS HALTUNGEN VON PERMANTIER

In erster Linie dienen uns die sechs Haltungen immer wieder zum Hinterfragen der eigenen Haltung. Dass Menschen bei Unsicherheiten oder Streit häufig eine oder mehrere Haltungsebenen »zurückfallen«, kennen wir ebenfalls. Die Einordnung, wann wir selbst uns beziehungsweise unsere Coachees sich in welcher Haltung befinden, hilft somit zu erkennen, wo wir oder unsere Coachees bereits »fest im Sattel sitzen« und wo wir in unserer inneren Welt Unsicherheiten haben.

Hier findest du die Übersicht der sechs Haltungen nach Permantier (2019, S. 128/29; 192/93 und 56/57).

DIE SECHS HALTUNGEN	
SELBSTORIENTIERT-IMPULSIVE HALTUNG	
Fokus	Sicherheit
Alter	2 bis 5 Jahre
»Status«	Ich sage *Ich* und bin noch in Impulsen gefangen.
Glaubenssätze in Bezug auf »die anderen«	Ich bin umgeben von Idioten.
Erfolg ist … (Beispiele)	… wenn ich gewonnen habe.

DIE SECHS HALTUNGEN	
GEMEINSCHAFTLICH-KONFORMISTISCHE HALTUNG	
Fokus	Ordnung
Alter	6 bis 10 Jahre
»Status«	Ich rede vom *Wir* und passe mich an.
Glaubenssätze bezüglich »der anderen«	Wer sich nicht fügt, gehört nicht dazu.
Erfolg ist … (Beispiele)	… wenn ich Anerkennung bekomme.
RATIONALISTISCH-FUNKTIONALE HALTUNG	
Fokus	Effizienz
Alter	ab 10 Jahre
»Status«	Ich reflektiere und vergleiche mich.
Glaubenssätze bezüglich »der anderen«	Jeder hat entsprechend den Anforderungen zu funktionieren.
Erfolg ist … (Beispiele)	… wenn ich ein Ziel geschafft habe
EIGENBESTIMMT-SOUVERÄNE HALTUNG	
Fokus	Status
Alter	ab 14 Jahre
»Status«	Ich weiß, was ich will und habe eigene Ziele.
Glaubenssätze bezüglich »der anderen«	Wer will und sich anstrengt, macht seinen Weg.
Erfolg ist … (Beispiele)	… wenn ich mein persönliches Ziel erreicht habe.
RELATIVIEREND-INDIVIDUALISTISCHE HALTUNG	
Fokus	Werte
Alter	Erwachsenenalter
»Status«	Ich nehme meine Gefühle bewusster wahr.
Glaubenssätze bezüglich »der anderen«	Das Leben ist bunt. Jeder darf sein, wie er will.
Erfolg ist … (Beispiele)	… wenn ich Freude teilen und Zeit für mich selbst finden kann.
SYSTEMISCH-AUTONOME HALTUNG	
Fokus	Sinn
Alter	Erwachsenenalter

DIE SECHS HALTUNGEN	
»Status«	Ich erkenne meine innere Vielheit und Subjektivität.
Glaubenssätze bezüglich »der anderen«	Jeder Mensch ist ein autonomes Individuum mit einem eigenen Weg.
Erfolg ist … (Beispiele)	… wenn ich mein Potenzial und auch das anderer ausschöpfen und etwas von Wert schaffen kann. … wenn ich in Akzeptanz bin mit dem, was in mein Leben tritt.

ÜBUNG

DEIN CHECK: MEINE HALTUNG

Wenn du dir die Übersicht angeschaut hast, kannst du nun deine eigene Haltung reflektieren.

Wo stehst du gerade? Mit welchen beispielhaften Glaubenssätzen und Satzvervollständigungen kannst du dich am meisten identifizieren? Inwiefern gibt es bei dir Unterschiede in verschiedenen sozialen Kontexten und Rollen?

COACHINGGRENZEN. Nach der Übersicht der Haltungen von Permantier wird deutlich, wie unterschiedlich die »Standorte« der Menschen sein können. Die einzelnen Haltungen sollten dabei weder als gut noch als schlecht beurteilt werden. Jedoch sollte uns die Unterschiedlichkeit der sich daraus ergebenden Sichtweisen bewusst sein.

Auch wenn die Entwicklung der Haltung individuell ist und von der Erziehung, dem sozialen Umfeld und der Kultur, in der wir leben, abhängig ist, so ist die Reihenfolge relativ stabil. Dennoch gilt für Coaches, dass sie sich sehr schwertun würden, mit Coachees zu arbeiten, die der eigenen Haltung ein bis zwei Stufen voraus sind.

UNSERE HALTUNG ALS COACH

Wer bist du, Mensch? Wer bist du, Coach? Das Selbstkonzept eines jeden Coachs ist so individuell wie die Persönlichkeit. Und wie wunderbar ist das! Wir bilden unsere Identität im Laufe des Lebens mehr und mehr aus und präsentieren diese unseren Mitmenschen in jeder einzelnen Begegnung. Mit unserem Auftreten, unserer Kleidung, unseren Fragen und gedachten und gesprochenen Bildern verkörpern wir zunächst uns selbst und im zweiten Schritt uns in der Rolle als Coach. Die Art und Weise deiner und unserer Coachings findet sich sicherlich nirgendwo sonst auf der Welt. Es gibt nicht *den* Coach, der ich werden kann und dann bin ich fertig. Ebenso wie jede Führungskraft wirken wir direkt und indirekt mit allem, ob wir etwas sagen oder nicht, ob wir wollen oder nicht. Darüber sollten wir uns vor allem bewusst sein. Dann können wir überlegen, ob wir bewusst eine Nuance verändern oder verstärken möchten.

ÜBUNG

DEIN CHECK: ICH BIN SUPER(WO)MAN-COACH!

Was für ein Coach möchtest du sein? Was sollen deine Coachees über dich als Coach sagen? Unterstreiche das, was dich anspricht. Schreibe gern weitere Assoziationen auf. Vielleicht findest du eine Hauptüberschrift für dich?

Als Coach bin ich … Lotse, Raumgeber, Mutmacherin, Schatzgräberin, Würdiger, Wertschätzer, Zuhörerin, Aufdecker, Ermöglicher, Tanzpartnerin, Freund, Reiseleiterin, Bewusstmacher, Denkhelferin, Empowerer, Prozessbegleiterin, Fokusschärfer, Dialoggestalter, Reframer, Aktiviererin, Verständnisschafferin …

____

____

Wie wirkst du als Coach wohl auf deine Coachees? Was strahlt deine Begrüßung, deine Kleidung, deine Webseite, deine Einrichtung im Raum wohl aus?

P.S.: Vielleicht hast du Lust, genau dies einmal bei deinen Coachees zu erfragen – wir haben dazu wirklich überraschende Erfahrungen gemacht.

BIN ICH HEUTE EIN GUTER COACH? Manchmal stellen wir uns die Frage, ob wir heute ein guter Coach sein können. Denn bisweilen bemerken wir am Ende eines Tages, das wir heute zwar unser Bestes gegeben, aber unserem Coachee unter anderen Umständen noch viel mehr hätten geben können. Um einen Raum für unsere Coachees zu schaffen, sollten wir unbedingt dafür sorgen, dass dieser Raum nicht mit unseren eigenen Themen belegt ist. Wir sind in der Pflicht, stets selbst an unserer *eigenen* Resilienz und einem möglichst ressourcenvollen Zustand zu arbeiten. Wir sind authentisch, wenn wir in der Lage sind, unsere Instrumente auch selbst anzuwenden. Unser Kopf und unser Herz sind nur frei und offen, wenn wir in unserer inneren Welt aufgeräumt haben. Sofern wir uns als Coach als Mitmensch verstehen, als Lotse und Partnerin auf dieser Reise, sind wir selbst weder perfekt noch »fertig«, aber: Wir können täglich unser Bestes tun.

UNSERE ERFAHRUNG: REGELMÄSSIG BOXENSTOPP EINLEGEN

Unsere Weiterbildung als Coaches und die Weiterentwicklung gelernter Methoden ist für viele von uns selbstverständlich. Darüber hinaus ist wichtig, dass wir uns bezüglich eigener und aktueller Themen regelmäßig coachen lassen. Dabei geht es nicht um die Brille »Wie macht das eigentlich ein anderer Coach?« (wenngleich das durchaus ein interessanter Anlass sein kann). Vielmehr geht es darum, die eigenen Themen bewusst im Blick zu haben, sich im eigenen Denken, Fühlen und Handeln zu reflektieren und zu stärken. Auch altbekannte (negative?) Muster, akute kleine oder große Krisen sowie Themen unserer Coachees, die uns triggern, sollten wir zeitnah erkennen und bearbeiten. Nur wenn wir selbst ein stabiles Fundament und einen klaren Kopf haben, können wir unsere Coachees unterstützen. Dabei haben wir langjährige Beziehungen zu anderen Coaches und machen – je nach Themen und Lebensphase – regelmäßige Termine. Uns tut das immer richtig gut und hilft uns, ein guter Coach zu sein.

ICH HABE LUST, EMOTIONAL INTELLIGENT ZU SEIN (EQ). Da Coaching Beziehung ist, dürfen wir stets an unserer Beziehungskompetenz arbeiten. Aus unserer Erfahrung ist das ein lebenslanges Unterfangen. Daniel Goleman hat 1998 die emotionale Intelligenz als maßgeblich für den Erfolg beschrieben sowohl in Beziehungen als auch in im Berufsleben, in der Führung von Menschen. Dabei ist die emotionale Intelligenz die Fähigkeit, Beziehungen zu sich selbst und zu anderen effektiv zu steuern.

Vereinfacht dargestellt beinhaltet die emotionale Intelligenz vier Bausteine, die wie ein Baukasten aufeinander aufbauen:

- Selbstreflexion
- Selbstmanagement
- soziales Bewusstsein
- soziale Kompetenzen

In den Bausteinen 1 und 2 gilt es zunächst, sich selbst zu reflektieren (Baustein 1) und sich dann kognitiv und emotional selbst zu managen (Baustein 2). Nur wer diese ersten beiden Bausteine für sich gut »im Griff« hat, kann in die soziale Außenwelt hinausgehen. Dort können mithilfe der Empathie (Baustein 3) und dem Einsatz der sozialen Kompetenzen (Baustein 4) die Beziehungen zu anderen gestärkt werden. Das Modell der Emotionalen Intelligenz zeigt eindrücklich, dass wir nur dann gut in Beziehung zu anderen sein können, wenn wir gut in Beziehung zu uns selbst stehen.

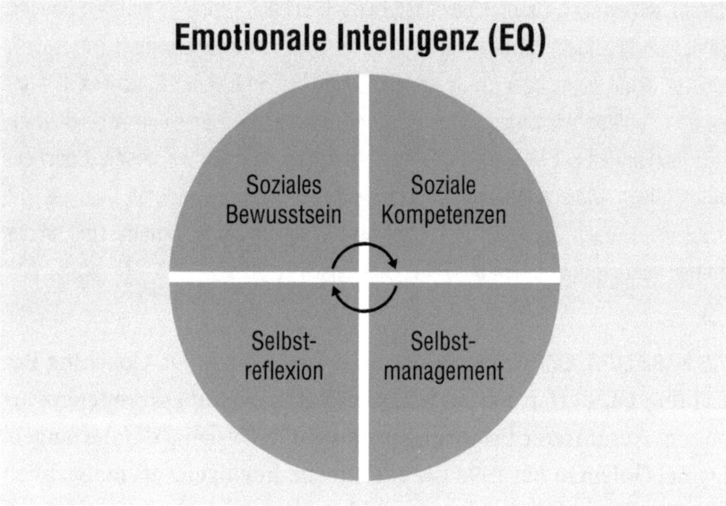

ÜBUNG

DEIN CHECK: WIE EMOTIONAL INTELLIGENT BIN ICH?

Wir laden dich ein, kurz zu überlegen und dir Stichworte im Modell der vier Bausteine der Emotionalen Intelligenz zu notieren. Dabei haben wir im Schaubild bewusst kein »Minus« sondern ein »?« gewählt. Dies bedeutet, dass du einzelne Facetten der emotionalen Intelligenz infrage stellen kannst, beziehungsweise wenn es dir noch nicht ganz klar ist. Das ist etwas anderes als die häufig mit einem »Minus« verbundene Bewertung »Da bin ich nicht gut«.

- *Selbstreflexion:* Wann und womit gelingt es mir leicht, mich selbst zu reflektieren? Wann ist es schwierig?
- *Selbstmanagement:* Wann und womit gelingt es mir leicht, mich selbst zu managen? Wo wünsche ich mir mehr Selbstmanagement auf kognitiver oder emotionaler Ebene?
- *Empathie, soziales Bewusstsein:* Wann und womit gelingt es mir leicht, mich ganz auf meinen Coachee einzustellen? Was sind ungünstige Bedingungen dafür?

- *Soziale Kompetenzen:* Welche sozialen Kompetenzen sind bei mir stark ausgeprägt (zum Beispiel Gesprächsführung, Konflikte managen)? Welche sozialen Kompetenzen könnte ich weiter entwickeln (beispielsweise aktiv zuhören, Kritik annehmen)?

Drittens: Empathie, soziales Bewusstsein + ?	Viertens: Soziale Kompetenzen + ?
Erstens: Selbstreflexion + ?	Zweitens: Selbstmanagement + ?

LUST AUF RESONANZ – LUST AUF SCHWINGUNG. Musikerinnen, Physiker und Technikerinnen kennen den Begriff der Resonanz (resonare = widerhallen, zurücktönen) als ein in Beziehung tretender schwingungsfähiger Körper. Manchmal wird Resonanz sowohl als Fähigkeit als auch als Grundbedürfnis von Menschen bezeichnet. Dass wir als Coaches unsere Gegenüber anregen, berühren und in Bewegung versetzen, unterliegt jedoch Bedingungen auf beiden Seiten: Wir müssen dazu bereit sein, es wollen und zulassen, dass uns jemand derart nah kommt. Die genannten Resonanzexperten wissen, dass Resonanzen höchst sensibel sind. Je nach Einwirkung beziehungsweise Anregung kann das System bei jeder Schwingung erneute Energie aufnehmen, speichern und dadurch seine Eigenfrequenz verändern – oder aus dem Takt geraten. Für uns als Coach bleibt die Challenge, nah dranzubleiben und gleichzeitig sowohl selbst als auch die Coachees in ihrer Selbstständigkeit und Selbstverantwortung zu belassen.

DEINE WELTSICHT IST IMMER RICHTIG! Als Coach (und als Mensch) lernen wir Resonanz häufig als eine Form der Empathie kennen. Wir fühlen uns ein in die Gefühls- und Gedankenwelt unserer Coachees und schwingen in ihrem Kosmos mit. Doch dabei sollten wir achtsam sein. Empathie meint *bewertungsfreies* Einfühlen! Das heißt, es obliegt uns nicht, wir sind weder beauftragt noch befugt, bezüglich des Erlebens unseres Coachees ein Urteil zu fällen oder das Gesagte unserer Coachees zu negieren. Sie benennen uns *ihre* Wahrheit, die sie in diesem Augenblick als *ihre* Wirklichkeit erfassen. Und wir geben ihnen die Sicherheit: Du bist richtig und wichtig.

UNSERE ERFAHRUNG

Die Rückmeldung eines Coachees neulich lautete: »Danke. Das Wichtigste ist, dass Sie mir hier einen bewertungsfreien Raum für mich geben.«

Die Umsetzung dessen im Coaching ist mitnichten leicht. Kennst du das auch? Du hörst deinem Coachee zu und denkst: »Mensch, die Lösung deines Problems ist doch offensichtlich!« Doch jedes Ziel, welches wir für andere meinen zu haben, engt den Raum des Denkens ein, hemmt neue Perspektiven und die Entwicklung unserer Coachees. Natürlich haben wir Hypothesen und dürfen diese durchaus anbieten, jedoch sollten wir sie nicht aufdrängen.

ERWARTUNGEN KLÄREN VON BEGINN AN. Wer auch immer du als Coach bist und sein möchtest, was du bieten kannst und was nicht (deine Grenzen!) – wir empfehlen dir die Klärung dessen zunächst für dich persönlich und dann im Kontakt mit jedem deiner Coachees. Vielleicht kann es verführerisch sein, die eigene Kompetenz methodisch und thematisch grenzenlos anzubieten. Doch können wir das auch halten? Wollen wir dies? Gibt es nicht Themen, die wir *nicht* bearbeiten wollen, Methoden, mit denen wir uns gar nicht wohlfühlen? Der Mut, dies offen anzusprechen, wird mit Klarheit und Sicherheit belohnt, die wir dann ausstrahlen. Das wiederum kommt dem Prozess zugute. Selbstverständlich sollten unsere Coachees ebenfalls die Möglichkeit haben, ihre Erwartungen an uns als Coach und an das Coaching zu benennen.

ICH GLAUBE, WIR KÖNNEN ETWAS VERÄNDERN! Insgesamt benötigen wir als Coaches den festen Glauben daran, dass Veränderung möglich ist. Wir sollten Lust haben auf Menschen und auf *ihren* Veränderungswillen. Dafür ist ein »Growth Mindset« notwendig. Das bedeutet, dass wir davon überzeugt sind, dass wir uns mit dem richtigen Training in jedem Kontext weiterentwickeln und wachsen können (»Ich will besser für mich sorgen! Irgendwie werde ich das hinbekommen!«). Im Gegensatz dazu glauben Menschen mit einem »Fixed Mindset«, dass ihre Fähigkeiten angeboren und nicht veränderbar sind (»Ich bin nun mal Perfektionist.«). Nun könnte anzunehmen sein, dass der Unterschied zwischen den beiden Denkweisen gigantisch ist. Aber: Der Unterschied zwischen Fixed und Growth Mindset ist nur ein Wort: noch.

FOOD FOR THOUGHT

- Baumann-Habersack, F. H. (2021): Mit transformativer Autorität in Führung. 3. Auflage. Wiesbaden: Springer.
  Aus dem Fokus der »Präsenz« in den Theorien der neuen beziehungsweise transformativen Autorität kann sich jeder Coach etwas abschauen.
- Gründling, K. (2018): Die Stille Revolution. Film. Mindjazz.
  Ein Must-See über den Kulturwandel von Arbeit und Mensch.
- Permantier, M. (2019): Haltung entscheidet. Führung und Unternehmenskultur zukunftsfähig gestalten. München: Vahlen.
  Eine inhaltlich und grafisch tolle Zusammenstellung komplexer Themen wie Haltungen, Potenzialentfaltung, Vertrauen, Sinn und Transformation. Ein ausgesprochen weises Buch, genau richtig in dieser Zeit.

Haltung coachen

BEITRAG VON VOLKER BIESEL

Was hilft deinem Coachee? Diese Frage ist elementar im Coaching. Je nach motivationalem Zustand des Coachees solltest du unterschiedliche Techniken anwenden.

Vielleicht kennst du das von dir selbst oder deinen Coachees. Es ist ganz klar, was zu tun ist und es steht auch in deiner beziehungsweise deren Macht, genau das zu tun, aber dennoch wird es nichts getan. Wir können in einem solchen Fall weiter planen, Handlungsschritte entwickeln oder neue Ideen generieren oder uns Maßnahmen überlegen – es wird nicht nützen.

Der Weg zu nachhaltig resilientem Verhalten kann als motivationspsychologischer Prozess (in Anlehnung an den Rubikon-Prozess, entwickelt von Maja Storch und Frank Krause, Storch/Krause/Weber 2022) dargestellt werden. Dieser wird im Folgenden näher erläutert und kann im Coaching als motivationspsychologisches Diagnosehilfsmittel dienen. Wir können damit feststellen, in welchem motivationalen Zustand der jeweilige Coachee ist. Der Coachee kann sich in diesem Prozess an unterschiedlichen Positionen befinden:

- *Position 1: Abwägen.* Der Coachee ist unentschlossen, unentschieden. Er oder sie ist ambivalent und schwingt zwischen dem »Eigentlich« und dem wirklichen »Wollen« oder dem »Ja« und dem »Aber«. Nicht immer kann das klar in Worte gefasst werden, da es sowohl bewusste, kognitive Motive als auch unbewusste, emotionale Bedürfnisse sind, die die Coachees beschäftigen.
- *Position 2: Planen.* Der Coachee weiß, was er will. Er weiß grob, wie er in seinem eigenen Sinne resilienzförderlich handelt. Er kann es auch benennen. Er wirkt dabei überzeugend. Er benö-

tigt Hilfe, die Dinge im Einzelnen – vielleicht auch Schritt für Schritt – anzugehen.

- *Position 3: Dauerhaft resilientes Verhalten.* Der Coachee handelt im Sinne seiner eigenen Haltung resilienzförderlich. Sein Handeln ist nicht einmalig, sondern bereits neue Gewohnheit.

Zwischen der ersten und der zweiten Positionen gibt es die Resilienzhürde. Die Resilienzhürde stellt eine Grenze da. Eine Grenze zwischen Unentschlossenheit und Willenskraft. Eine Barriere, die es zu überwinden gilt.

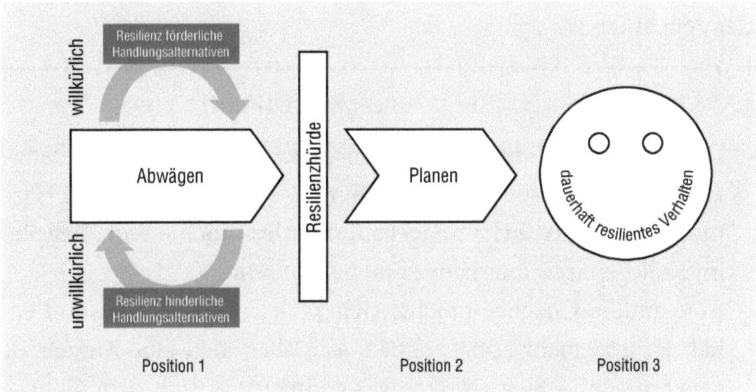

Das motivationspsychologische Prozessmodell zu dauerhaft resilientem Verhalten (in Anlehnung an: Gollwitzer 2012)

Die Frage ist, an welcher Stelle des Prozesses beziehungsweise an welcher Position befindet sich dein Coachee gerade? Eines ist klar, er oder sie ist nicht an Position 3, denn dann kämen sie nicht ins Coaching.

Es mag sein, dass zum Beispiel eine Klientin ihr Handeln gut plant. Vielleicht hat sie sogar einen schriftlichen Plan erstellt oder sie möchte, dass du dies mit ihr machst. Wenn solche Pläne aber nichts nützen, dann liegt die Wahrscheinlichkeit nahe, dass sich diese Coachee motivationspsychologisch noch an Position 1 ist, auch wenn sie bereits Pläne schmiedet.

Im Resilienz-Coaching geht es oft darum, neue resilienzfördernde Handlungen zu initiieren. Es geht darum, bisher ungewohnte Handlungen alltäglich werden zu lassen und Handlungen vorzunehmen, die den bisherigen Gewohnheiten, die eben nicht resilienzförderlich waren, entgegenstehen. Die alten Angewohnheiten sind meist über einen langen Zeitraum geübt und entsprechend gut erlernt worden. Es ist für Coachees daher schwer, das Erwünschte in ein alltagsübliches neues Handeln zu transformieren.

Ein weiterer Grund dafür, dass es schwerfällt, die alten Gewohnheiten durch neue zu ersetzen, ist, dass die alten Gewohnheiten immer einen »guten Grund« haben – auch wenn dieser nicht immer klar ersichtlich ist.

BEISPIELE FÜR »GUTE GRÜNDE« ALTER GEWOHNHEITEN:

- Der Coachee möchte zwar das im Coaching benannte Resilienzziel, beispielsweise Neinsagen-Können, erreichen, aber sein Harmoniebedürfnis spricht dagegen, denn er möchte zum Beispiel im Kollegenkreis anerkannt und beliebt sein.
- Eine andere Coachee möchte sich vielleicht endlich gesund ernähren und mehr Sport treiben, sich aber auch eine Auszeit zu genehmigen. – Sich selbst etwas gönnen und sich dem Genuss von Schokolade und Wein hinzugeben, hat auch etwas Gutes.

Mit rein kognitiven Bewertungen oder Planen der »besseren« Handlungsalternative werden wir in solchen Fällen nicht immer weiterkommen.

Arbeitest du als Coach in Bezug auf den motivationalen Prozess deines Coachees auf der richtigen Seite der Resilienzhürde? Viele Coaches schauen oft auf das Handeln oder auf das Nichthandeln ihrer Coachees. Sie überlegen, wie sie die Handlung besser vorbereiten können und steigen dann in die Planung ein. Häufig nach dem Rezept: Je konkreter, desto besser. Viele nutzen dabei SMART-Ziele.

Derartig formulierte Ziele konkretisieren die Zielbeschreibung. Das ist durchaus ein wesentlicher Erfolgsfaktor für die Zielerreichung, aber das gilt nur für die Position 2.

Deshalb erleben wir, dass die konkrete Planung nicht weiterhilft und die Coachees dennoch nicht zielrealisierend handeln. Der Grund ist einfach: Sie befinden sich noch nicht an Position 2 des motivationspsychologischen Prozesses. An Position 1 greifen die Maßnahmen, die an Position 2 gut funktionieren leider überhaupt nicht. Das ist, als ob man mit einem U-Boot fliegen wollte.

Das Problem ist, dass die allermeisten Coachees, die mit einem Thema wie mangelnder Resilienz ins Coaching kommen, auf der Planungsebene schon »alles versucht haben«. Sie haben es nicht selten wieder und wieder versucht, geplant, vorbereitet, aufgeschrieben und so weiter. Vielleicht denken wir dann, sie seien nicht motiviert genug oder der Leidensdruck sei noch nicht hoch genug. Dieses Denken ist zwar verständlich, bei einem Thema wie Resilienz aber auch zynisch. Wenn wir so denken, laufen wir Gefahr, die Gefühle unserer Coachees zu missachten. Unsere Haltung, Denk- und Handlungsweise sollte vielmehr auf Verständnis beruhen, wobei wir dennoch eine gesunde Distanz wahren sollten – mitfühlen, nicht mitleiden.

UMGANG MIT AMBIVALENZEN

Respektiere die Ambivalenz! Bewertende oder gar beurteilende Gedanken, die in uns auftauchen, sollten wir vorbeiziehen lassen und zu ignorieren versuchen. Hilfreicher – und dabei auch im Sinne des beschriebenen Prozesses psychologisch korrekter – ist es, die mangelnde Motivation unserer Coachees als eine ungelöste Ambivalenz zu begreifen.

Coaching-Level 1: mangelnde Motivation = ungelöste Ambivalenz

Wenn wir lösungsorientiert denken und einen Gestaltungsspielraum schaffen wollen, sehen wir es besser so:

Coaching-Level 2: mangelnde Motivation = *noch* nicht gelöste Ambivalenz

Jede Ambivalenz kann als Konflikt von inneren Anteilen verstanden werden. Daher bietet sich ein mediationsanaloges Bearbeiten eines solchen Konflikts an. Dazu sind folgende Mechanismen wesentlich:

- Hineinversetzen in die einzelnen, sich widersprechenden Anteile
- Aufbau einer neutralen Beobachterposition auf die eigenen Anteile und auf die eigene Person in beziehungsweise mit der Ambivalenz

Durch das Hineinversetzen in die Handlungsoptionen und das Einnehmen der Metaperspektive findet eine Klärung statt. Hierbei werden zum Beispiel eigene Wahrnehmung und das eigene Handeln reflektiert oder eigene Wahrnehmungsfilter und Deutungsmuster aufgedeckt. Erst dieser Prozess macht eine Entscheidung für resilientes Handeln oder die Entschlossenheit zum resilienten Handeln möglich.

Häufig ist die Entscheidung, welche der Coachee schlussendlich trifft, nicht eine Entscheidung für eine der zur Wahl stehenden Handlungsoptionen (nennen wir sie A und B). Häufig findet durch ein Hineinversetzen in die einzelnen Positionen ein anderes Verstehen statt. Dieser Klärungsprozess führt dann dazu, dass zum Beispiel aus einem Entweder–Oder ein Sowohl-als-Auch wird. Der Coachee entscheidet sich nicht selten für eine Option C oder für eine etwas andere, angepasste Variante von A oder B. So können dann »die guten Gründe« Berücksichtigung finden.

BEISPIEL: ANGEMESSENHEIT

So kann eine Coachee, die gut daran täte, mehr Verantwortung für ihr eigenes Handeln zu übernehmen, dies aber nicht tut, dahingehend ambivalent sein, dass sie nicht jedwede Verantwortung auf sich nehmen will und vielleicht oft schlechte Erfahrungen damit gemacht hat. Die Lösung für sie kann dann nicht darin liegen, die Verantwortung immer zu übernehmen. Und ebenso wenig kann die Lösung lauten, diese immer abzulehnen. Sondern es ist wichtig, dass sie situativ angemessen mit der Übernahme der Verantwortung und einem eventuellen Scheitern umzugehen lernt. In einer Metapher beschreibt sie ihre neue Haltung vielleicht so: »Ich jongliere nur so viele Bälle, wie ich kann, und wenn einer herunterfällt, sammle ich ihn wieder auf.«

COACHES SIND NEUTRALE PROZESSBEGLEITER. Nun haben wir als Coach eine Aufgabe: Diese Ambivalenzen mit unseren Coachees herauszuarbeiten. Es geht dabei nicht darum, die Klientinnen und Klienten in eine bestimmte Richtung zu bewegen, sondern nur die Pole der Ambivalenz zu erkunden. So kann der Frage auf den Grund gegangen werden: Was ist »der gute Grund«, warum ein gewünschtes, die Resilienz stützendes Handeln nicht stattfindet?

Um diesen neuen Lösungsraum zu ermöglichen (wie im Beispiel das Jonglieren), ist es für Coaches wichtig, offen zu sein für neue Möglichkeiten und Entscheidungsoptionen. Daher beachte unbedingt, dass du als Coach nicht zu einer Entscheidung drängst. Vielleicht ist deine erste Reaktion auf diesen Satz: »Nein, das würde ich nicht tun.« Dennoch, schau genau hin, denn manchmal geht unser »Mutter-Theresa-Herz« mit uns durch und wir meinen es nur gut, wenn wir glauben, es sei doch für unsere Coachees das Beste und im Sinne ihrer Resilienz, wenn sie oder er sich für den einen Weg entscheiden würden.

Die Aufgabe von uns als Coaches ist es aber, neutrale Prozessbegleiter zu sein und Unterstützung für das Bewusstwerden der verschiedenen Anteile zu geben.

PERSPEKTIVEN SCHAFFEN. Es geht also darum, die Coachees einzuladen, sich in die Entscheidungsoptionen hineinzuversetzen sowie sie zur Selbstbeobachtung der Gesamtsituation einzuladen. Hierzu eigenen sich zum Beispiel folgende Fragen:

- »Stelle dir vor, wir haben den … [Datum vom nächsten Tag nennen] und du hättest dich entschieden [Beschreibung der Variante A] – Wie fühlt sich das an?« (Anschließend folgt die gleiche Frage zur Variante B.)
- »Lasse [Variante A nennen] einmal außer Acht. Wie sähe es bei einer Entscheidung für [Variante B nennen] aus?« (Anschließend dann nochmals umgekehrt fragen.)

Sollten durch den Coachee nur oder überwiegend positive Faktoren der jeweiligen Entscheidungsoptionen benannt werden, ist es hilfreich, nach den negativen Aspekten eines Arguments oder den negativen Folgen dieser Entscheidungsoption zu fragen:

- »Was ist die Kehrseite der Medaille?«
- »Was sind die Kosten, die das mit sich bringt?«
- »Bist du bereit, den Preis zu zahlen?«

Wichtig: Im Sinne unserer Neutralität als Coach fragen wir so auch nach einer vermeintlich nicht resilienzfördernden Seite der Ambivalenz. Andernfalls würde diese Seite auf unbewusster Ebene dem resilienzförderlichen Handeln entgegenwirken.

Im Erkunden der Ambivalenz ergibt sich nun eine Entscheidungsbilanz:

ALTERNATIVE A		ALTERNATIVE B	
VORTEILE	NACHTEILE	VORTEILE	NACHTEILE
RAUM FÜR BEWERTUNG UND GEWICHTUNG			

Hilfreich sind in dem Erkundungsprozess auch Fragen nach der Gewichtung:

- Was sind für dich die Hauptargumente
- Welche Punkte würdest du besonders markieren?«
- Welche Punkte wiegen besonders schwer?
- Was wäre ausschlaggebend für deine Entscheidung?

Hypothetische Fragen können Spiel in die Bewertung des Anlassgebers bringen:

- Wie wäre es, wenn die Gewichtung eine andere wäre?
- Könntest du deine Gewichtung der Aspekte verändern?
- Würdest du dir für A oder B noch ein Argument wünschen? Welches wäre das?

Zirkuläre Fragen verändern die Perspektive:

- Was würden dein bester Freund oder deine beste Freundin sagen, welche Argumente du vergessen hast?
- Diese Frage mag jetzt etwas merkwürdig erscheinen, aber: Was würde dein Hund dazu sagen?

Die letzte Frage mag etwas komisch erscheinen, sie ist aber sehr gut für das Resilienz-Coaching geeignet, da eigene Hunde – wie auch andere Haustiere – ein großer Ressourcenpool sind und Hunde die Dinge etwas »einfacher sehen«, zumindest aus einer anderen Perspektive. Sie haben hohe Kompetenzen im Ausruhen, Herumliegen, Chillen, Entspannen, Ablenkenlassen und können leicht durch sozialen Kontakt und Leckerlis glücklich gemacht werden. – Alles Ressourcen für eine gute Resilienz.

Um den Coachee auf die Selbstbeobachtung zu bringen, könnten auch folgende Fragen hilfreich sein:

- Wenn du dich jetzt beobachten könntest, alles über dich wüsstest, aber doch jemand anderes wärst, wie würdest du über dich denken?
- Stelle dir vor, du begibst dich auf eine Zeitreise und bist nun im Jahr … – du bist nun 20/30/40 Jahre älter. Was würdest du als alte weise Frau (beziehungsweise alter weiser Mann), die alle deine Erfahrung gemacht hat, die dich besser kennt als jede oder jeder andere, dir raten?

Alle genannten Fragen bieten die Möglichkeit, die Ambivalenz besser zu erkunden, das Für und Wider besser zu verstehen. Manchmal ergibt sich durch solche Fragen schon ein Klärungsprozess.

KOGNITION ALLEINE REICHT NICHT. Die eben beschriebene Vorgehensweise ist eine gewohnte Vorgehensweise auf der kognitiven Ebene. Sie hilft, wenn die Coachees die Dinge kognitiv benennen können.

Die Position 1 des Abwägens (s. Abbildung auf Seite 41) nährt sich aber nicht nur aus bewussten kognitiven Motiven, sondern auch aus unbewussten Bedürfnissen. So macht mancher Coachee auf den ersten Blick den Eindruck, entschieden zu sein, resilient handeln zu wollen. Seine Sprache verrät aber manchmal, dass er sich in Wirklichkeit noch vor der Hürde befindet. Es gibt dann einen unbewussten Anteil, der noch nicht erkannt ist.

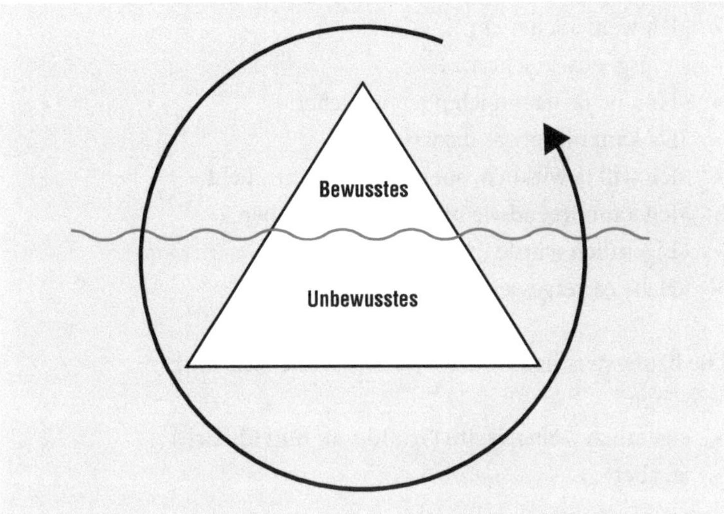

Synchronisation von bewusstem kognitiven Verstand und emotionalem Erfahrungsgedächtnis

EXKURS: EIGENES ERLEBEN

Du kennst sicher eigene Entscheidungssituationen, in denen alle Argumente für eine Alternative sprechen und du dennoch so etwas sagst oder denkst wie: »Aber mein Bauch sagt Nein.« Oder es war andersherum: Alle kognitiven Argumente sprachen gegen eine Handlung und du hast es trotzdem gemacht, dich dabei vielleicht sogar besonders gut gefühlt, aber eigentlich hat alles dagegen gesprochen.

Sowohl in diesen Beispielen als auch bei Klientinnen und Klienten, die sich zwar vermeintlich für ein resilientes Handeln entschieden haben, aber doch nicht in der Umsetzung weiterkommen, gilt: Es gibt kognitiv nicht zugängliche Informationen. Diese haben aber erheblichen Einfluss auf die Bewertung der Entscheidungsalternativen.

Wir können in der Sprache unserer Coachees häufig Indizien für eine solche Situation finden. Hier einige Sätze, die auf eine solche Ambivalenz hindeuten könnten:

- »Ich weiß auch nicht …«
- »… irgendwie schon …«
- »Hm, na ja, da bin ich noch unsicher.«
- »Da kam mir etwas dazwischen.«
- »Ich will ja wirklich, aber es gelingt mir nicht.«
- »Ich kann irgendwie nicht am Ball bleiben.«
- »Eigentlich würde ich das schon wollen.«
- »Habe es vergessen.«

Die häufigsten Signalwörter für Ambivalenzen sind:

- schon
- eigentlich (seltener: im Grunde, an und für sich)
- ja, aber …

ÜBUNG

DEIN CHECK: AMBIVALENZOHR

Nimm dir fünf Tage Zeit, um dein »Ambivalenzohr« zu trainieren! Nutze den folgenden Beobachtungsbogen und fülle ihn aus, sobald du glaubst, eine Ambivalenz bei Coachees, im Kollegen- oder Freundeskreis oder bei Familienmitgliedern vernommen zu haben.

In die linke Spalte schreibe das wörtliche Zitat, auf der rechten Seite notiere deine Hypothese über eine dahinterstehende Ambivalenz. Erlebe den Wert des Aufschreibens – dabei differenzieren sich die Hypothesen häufig aus.

WICHTIG: Bleibe dir bewusst, dass es sich nur um Hypothesen und nicht um die Wahrheit handelt. Hier einige Beispiele, wie das aussehen könnte:

VERNOMMENE ÄUSSERUNG: WAS WURDE WÖRTLICH GESAGT?	HYPOTHESE ÜBER DIE ANTEILE DER AMBIVALENZ: WELCHE ANTEILE KÖNNTEN DAHINTERSTEHEN?
»Ich wollte meinem Chef sagen, dass ich das Projekt nicht auch noch machen kann. Dann war dazu kein passender Moment mehr.«	Anteil A: • klar und deutlich die Grenzen setzen • sich behaupten Anteil B: • Dem Chef alles recht machen zu wollen – Bedürfnis: Harmonie • Angst mich zu blamieren gepaart mit Unsicherheit – Bedürfnis: Selbstschutz

Diesem Beispiel entsprechend kannst du deine Notizen aufbauen.

DAS EMOTIONALE ERFAHRUNGSGEDÄCHTNIS NUTZEN. Ziel des Coachings ist es, diese noch nicht bewussten Anteile bewusst zu machen, um den Coachees zu einem weitergehenden Klärungsprozess zu verhelfen. Wir nutzen dazu neben dem kognitiven Verstand nun ein anderes psychisches System: das emotionale Erfahrungsgedächtnis, welches uns größtenteils unbewusst ist (s. Abbildung auf der nächsten Seite).

Dieses unbewusste System im Resilienz-Coaching zu berücksichtigen ist von hoher Wichtigkeit. Dafür gibt es zwei wesentliche Gründe:

- Zum einen verfügt dieser Bereich über einen immensen Erfahrungsschatz und damit über ein gigantisches Wissen über die Person, die Inhaberin des Gedächtnisses ist. Im Sinne, dass die Coachees die besten Expertinnen und Experten für sich selbst sind, können wir festhalten, dass ihr emotionales Erfahrungsgedächtnis sie zu noch größeren Experten werden lassen kann, sofern es gelingt, auf dieses unbewusste Know-how zuzugreifen.

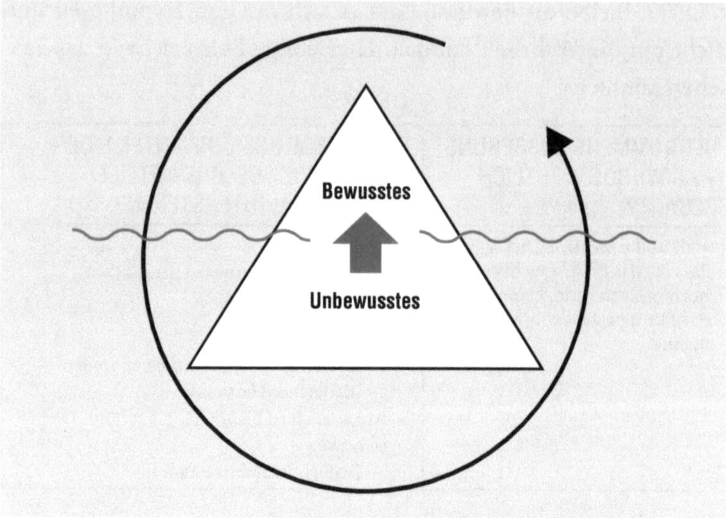

Arbeitsrichtung des Coachings: Klärung kommt aus dem Unbewusstsein

- Zum anderen ist es so wichtig, weil es maßgeblich für die intuitive Verhaltenssteuerung verantwortlich ist. Das bedeutet: Bei Nichtbeachtung der unbewussten Anteile, die gegen das resiliente Verhalten stehen, werden eben diese auf unbewusster Ebene handlungsleitend.

Das Erfahrungsgedächtnis und der Verstand arbeiten gänzlich unterschiedlich. Neuronal weisen sie dementsprechend ganz andere Strukturen auf, wie die folgende Übersicht (erweitert nach Diedrichs u. a. 2021) zeigt.

	KOGNITIVER VERSTAND	EMOTIONALES ERFAHRUNGSGEDÄCHTNIS
BEWUSSTSEIN	bewusst	primär unbewusst
CHARAKTERISTIK	rational, logisch, vernunftgeleitet	gefühlsbetont, affektiv, emotional
ARBEITSWEISE	langsam	schnell
INFORMATIONS-VERARBEITUNG	seriell	parallel
KOMMUNIKATION	Sprache	Körper
BEWERTUNG	falsch oder richtig	mag ich oder mag ich nicht

Diese einfache Unterscheidung nach zwei Systemen ist für das Coaching immens wichtig und funktional. Es geht immer darum, mit beiden Systemen zu arbeiten, sie in den Austausch zu bringen oder zu synchronisieren. Kluge Entscheidungen sind Entscheidungen, die von beiden Systemen getragen werden, worauf auch Maja Storch hinweist: »Die beiden Auswertungssysteme des Gehirns sind unterschiedlich spezialisiert und bilden, wenn sie zusammenarbeiten können, eine starke Partnerschaft« (Storch 2011, S. 23).

Dieses Modell reduziert die Komplexität und ist dadurch sehr greifbar. Eine höhere wissenschaftliche Differenzierung findest du im Buch »Motivation und Persönlichkeit« (2002) von Julius Kuhl.

Wir schauen uns nun die Unterschiedlichkeiten des kognitiven Verstandes im Gegensatz zum emotionalen Erfahrungsgedächtnis im Praxisbezug an.

- *Bewusstsein:* Wenn der kognitive Verstand arbeitet, ist es immer mit Bewusstsein verbunden. Das emotionale Erfahrungsgedächtnis hingegen basiert auf einem unbewussten Speicher emotionaler Erfahrung und deren Bewertungen. Wir erreichen über den Weg der Selbstbeobachtung davon Kenntnis, indem wir die bei uns selbst beobachteten Gefühlsreaktionen (Affekte, somatische Marker) mit dem kognitiven Verstand erkennen und verstehen.

- *Charakteristik:* Das rationale Denken des kognitiven Verstands steht dem fühlenden emotionalen Erfahrungsgedächtnis gegenüber. Im subjektiven Erleben nehmen wir die beiden Systeme häufig als Antagonisten wahr. Im Coaching geht es aber darum, sie zu Teamplayern zu machen.
- *Arbeitsweise:* Der kognitive Verstand arbeitet verhältnismäßig langsam – deutlich langsamer als das emotionale Erfahrungsgedächtnis. Durch die Einbindung des präfrontalen Kortex sind hier längere neuronale Wege im Gehirn zurückzulegen. Der aber wohl entscheidende Punkt für eine extrem unterschiedliche Geschwindigkeit ist die Informationsverarbeitung.
- I*nformationsverarbeitung:* Die Verarbeitung von Informationen im kognitiven Verstand erfolgt seriell. Es wird also eine Information nach der anderen verarbeitet. Dies leuchtet uns besonders ein, wenn wir versuchen, zwei Gedanken zeitgleich zu denken – es wird nicht gelingen, womit sozusagen der Beweis dafür angetreten ist.
- *Kommunikation:* Während sich der kognitive Verstand über Sprache ausdrückt, kommuniziert das emotionale Erfahrungsgedächtnis über Emotionen und Gefühle – diese sind immer körperlich. Selbst dann, wenn wir diese mit dem kognitiven Verstand beschreiben, werden wir erleben, dass es häufig nur mit räumlichen oder körperlichen Metaphern möglich ist:
  - »Das geht mir unter die Haut.«
  - »Das liegt mir im Magen.«
  - »Das sitzt mir im Nacken.«
  - »Das steht mir bis zum Hals.«
  - »Das nimmt mir die Luft.«
  - Ich habe einen »dicken Hals«, bin »atemlos« und viele andere Metaphern.
- *Bewertung:* Unser kognitives Bewertungssystem ist dominiert von den Ideen von »richtig« und »falsch«. Manch einer glaubt dabei, es gebe so etwas wie eine Wahrheit, was aus konstrukti-

vistischer Sicht ein Irrglaube ist. Im emotionalen Erfahrungsgedächtnis sind unsere gesamten Erfahrungen mit einem »mag ich« oder »mag ich nicht« gespeichert (somatische Marker). Dieser Erfahrungsschatz reicht sogar zurück bis vor unsere Geburt. Dieser unermessliche Erfahrungsschatz ist die Grundlage für blitzschnelle intuitive Bewertungen durch dieses System.

DIE SPRACHE DES ERFAHRUNGSGEDÄCHTNISSES. Im Coaching geht es darum, neben dem kognitiven Verstand auch das emotionale Erfahrungsgedächtnis für den Klärungsprozess zu berücksichtigen und aktiv mit einzubeziehen. Insbesondere in Fällen, in denen die Coachees noch in der Phase 1 des Abwägens sind. (Ich schätze dort befinden sich 98 Prozent der Personen, die einen Coach aufsuchen.) Es gilt also, die »Sprache« des emotionalen Erfahrungsgedächtnisses zu verstehen. Über folgende Faktoren ist das besonders gut möglich:

- Körpersprache
- Arbeit mit Metaphern
- spontane Reaktionen

Gehen wir nun auf die einzelnen Aspekte ein:

- *Beachtung und Einbeziehung körpersprachlicher Aspekte:* Beispielsweise sitzt die Klientin bequem, fast liegend im Stuhl und sagt mit ruhiger, fast bedächtiger Stimme langsam: »Ja, das will ich jetzt wirklich angehen.« Als Coach könnten wir dieses inkongruente Verhalten ansprechen: »Sie wirken noch nicht ganz überzeugt.« (Pause)
- *Aufnahme von metaphorisch beschriebenen Gefühlen:* Der Coachee sagt zum Beispiel, die Situation stünde ihm bis zum Hals. Als Coach kannst du in der Metapher bleiben und fragen: »Wenn Ihnen das bis zum Hals steht, was können Sie machen? Ist es möglich sich zu strecken, irgendwo hinaufzuklettern oder können Sie vielleicht wegtauchen oder das Wasser irgendwo ablassen?«

- *Umgang mit unmittelbaren Reaktionen:* Methoden wie Skalierung, Bilderwahl, Affektbilanz, Time-Line-Arbeit lassen häufig unmittelbare Reaktionen erkennen, welche unwillkürlich sind und fast reflexartig geschehen. Wir können auch dazu einladen: »Wenn Sie auf Ihrer Time-Line einen Schritt nach vorn gehen, was passiert dann?« Diese unwillkürlichen Reaktionen sind, wie auch viele körpersprachliche Reaktionen, eng mit dem emotionalen Erfahrungsgedächtnis »verdrahtet«.

DAS RESILIENZMOTTO ALS HALTUNGSZIEL

KRAFT AUS DEM ZIEL SCHÖPFEN. Das eigene Leben so auszurichten, dass es Resilienz fördert und sich im Sinne der Resilienz zu verhalten, ist komplex. Die persönliche Biografie und die Struktur der Persönlichkeit der Coachees erhöhen diese Komplexität.

Bei derart komplexen Aufgaben versuchen zahlreiche Coaches mit spezifischem Verhaltenstraining entgegenzutreten. So wird dieses Verhalten dann geplant und geübt. In den meisten Fällen bringt dieses aber nicht den ersehnten Erfolg und es wird nur selten oder einmalig das neue erwünschte Verhalten gezeigt. Der Grund dafür ist – wie bereits erwähnt – einfach erklärt: Der Coachee befinden sich in Position 1 (s. Abbildung auf Seite 57). Er hat noch keine Intention, keinen festen Handlungswillen gebildet. So hilft auch das Planen, Vorbereiten und Üben einer neuen Handlung nur wenig bis gar nicht.

Resilienzziele können helfen, die Hürde zwischen Position 1 und Position 2 zu überwinden. Bei den Resilienzzielen handelt es sich um Ziele, die nach den Kriterien der handlungswirksamen Zielformulierungen entwickelt wurden.

WICHTIG: Die weit verbreiteten SMART-Ziele können ebendies *nicht* erreichen. SMART-Ziele dienen der Verhaltenssteuerung, *nicht* dem Aufbau einer spezifischen Haltung.

Es gilt also zunächst, eine innere Haltung zu entwickeln, mit der die Coachees von der Position 1 der Unentschlossenheit auf die Position 2 der Entschlossenheit wechseln können. Psychisch gesehen ist der Zustand in der Position 1 und in der Position 2 ein völlig anderer: In der Position 1 sind die Coachees noch hin- und hergerissen oder unentschlossen. Sprachlich drücken sie sich – wie gezeigt – ambivalent aus oder benennen die Unentschlossenheit durch Worte wie:

- »Ich könnte …«
- »Ich sollte …«
- »Man müsste …«
- »Ich würde gern …«
- »Ich wünsche mir …«

Ein Coachee, der in Position 2 ist, sagt mit Nachdruck und lauter Stimme: »Ich will …!« und wirkt dabei überzeugend.

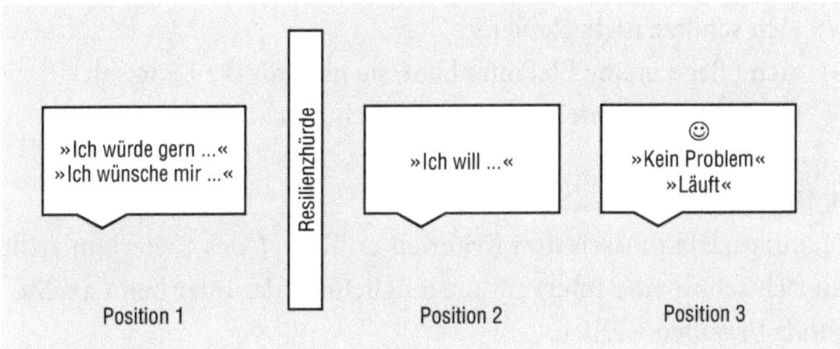

Wie aber gelingt es unseren Coachees, eine Position weiter auf die Position 2 zu kommen? – Antwort: Mit einem Haltungsziel (s. »Motto-Ziele«, Storch 2009). Das Resilienzmotto ist ein solches ein Haltungsziel.

HALTUNGSZIELE BEDÜRFEN KEINER KONKRETISIERUNG. Das bedeutet, dass sie weder überprüfbar noch gar messbar sein müssen. Haltungsziele schöpfen ihre Kraft aus dem hohen Grad der Identifikation der Zielinhaber mit dem formulierten, beschriebenen, persönlichen und erstrebenswerten Zustand.

HALTUNGSZIELE SIND IDENTITÄTSSTIFTENDE ZIELE. Sie können als Mottos formuliert werden und wirken für die Zielinhaber wie ein Werbeslogan oder ein Claim. So wie ein Claim die gewünschte Positionierung eines Unternehmens auf dem Markt beschreibt, so steht das Resilienzmotto für die Haltung, welche die Coachees in Bezug auf ihre Resilienz einnehmen möchten. Die Zielinhaber machen mit dem Haltungsziel sozusagen Werbung bei sich selbst für ihre neue Haltung – die resilienzfördernde Haltung.

HALTUNGSZIELE SIND ALS MOTTO HÄUFIG METAPHORISCH FORMULIERT. Sie können damit eine Antwort auf komplexe Situationen geben. So formuliert ein Coachee, der Dinge nicht immer so nah an sich herankommen lassen möchte, zum Beispiel:

- »Ich schütze mein Revier.«
- »Ich pflege meine Elefantenhaut, sie hält mir die Dinge ab.«
- »Stolz trage ich mein leuchtendes Schutzschild!«

KRITERIEN DER HALTUNGSZIELE BEACHTEN

Haltungsziele müssen drei Kriterien erfüllen. Jedes Kriterium stellt an sich schon eine Interventionsmöglichkeit dar oder kann als Methode begriffen werden:

- Das Haltungsziel wird formuliert als Annährungsziel.
- Es steht zu 100 Prozent unter eigener Kontrolle der Zielinhaber.
- Es ist verbunden mit einem positiven somatischen Marker.

ERSTES KRITERIUM: ANNÄHERUNGSZIEL. Als Annäherungsziel formuliert meint, dass das Ziel den erwünschten und nicht den zu vermeidenden Zustand beschreibt. Ein Ziel »Ich lasse mich nicht mehr einnehmen« ist ein Vermeidungsziel (Gegenteil vom Annährungsziel) und erfüllt somit nicht das erste Kriterium.

In Bezug auf Resilienzthemen benennen Coachees häufig ihre Ziele als Vermeidungsziele. Als Coach fragen wir dann: »Und was anstelle von [hier die Vermeidung einfügen] würden Sie wollen?« So lassen sich Vermeidungsziele schnell in handlungswirksame (Resilienz-)Ziele umformulieren.

Folgende Begriffe weisen auf ein Vermeidungsziel hin:

- nicht
- kein(e)
- ohne
- un-
- -los
- -frei

Hörst du solche Worte, dann gilt es sinngemäß zu Fragen: »Was anstelle …?«

ZWEITES KRITERIUM: HUNDERTPROZENTIGE EIGENKONTROLLE. In emotional aufgeladenen Situationen neigen Coachees dazu, Ziele zu formulieren, die nicht unter ihrer Kontrolle sind. Sie sagen zum Beispiel: »Mein Chef soll …« Ein solches Ziel mag verständlich sein. Die Zielerreichung eines solchen Ziels entzieht sich aber der Kontrolle der Coachees und kann damit nicht hilfreich sein. Vielmehr geht es darum, die Selbstwirksamkeit der Coachees zu erhöhen.

DRITTES KRITERIUM: POSITIVER SOMATISCHER MARKER. Ein positiver somatischer Marker ist eine unmittelbare Körperreaktion. Sie erfolgt unwillkürlich und unmittelbar dann, wenn die Zielformulierung als passend wahrgenommen wird und von den Coachees benannt wird. Diese Körperreaktion ist den Coachees in den meisten Fällen sofort anzusehen:

- Sie lächeln oder schmunzeln.
- ein Blitzen in den Augen
- deutliches Aufatmen oder entspanntes Ausatmen

- bestätigend mit dem Stift auf das Papier tippen
- Kopf heben oder Rücken aufrichten
- mit der Hand auf den Oberschenkel klatschen

Nicht anzusehenden somatische Marker können wir erfragen: »Wie geht es Ihnen mit Ihrer Zielformulierung? Lesen Sie sie einmal laut vor!« Der Coachee sagt dann über sein eigenes Motto so etwas wie:

- »Das gibt mir ein gutes Gefühl!«
- »Mein Herz hüpft.«
- »Es fühlt sich leicht und angenehm an.«
- »Es gibt mir Kraft.«

Sodann können wir von einer Erfüllung dieses dritten, letzten Kriteriums der handlungswirksamen Zielformulierung ausgehen.

ENTWICKLUNG DES RESILIENZZIELS

KRITERIEN BEACHTEN. Das Resilienzmotto muss die genannten drei Kriterien erfüllen. Wichtig ist, dass das Resilienzmotto außerdem für den Coachee – und nur für sie oder ihn – absolut richtig und passend ist. Das Kriterium des somatischen Markers hilft, das zu erkennen. In der Entwicklung des jeweiligen Resilienzziels können wir den Coachees hilfreich Folgendes anbieten:

- *Das Resilienzmotto metaphorisch formulieren:* »Gibt es ein Tier oder eine Pflanze, die die Eigenschaft hat oder kennen Sie eine Figur, lebend, verstorben oder fiktiv – aus Comic, Film oder Roman –, die diese Eigenschaft hätte?«
- *Das Motto verbalisieren:* Falls das bisherige Ziel ohne Verb formuliert war (zum Beispiel »Hell wie die Sonne«), können Sie fragen: »Welches Verb braucht Ihr Mottoziel?« Die Antwort könnte sein: »Ich scheine hell wie die Sonne.« Oder: »Ich genieße die hellen Sonnenstrahlen.« Diese Formulierung hätte noch einen weiteren Vorteil: den Ich-Bezug.

- *Ich-Bezug:* Der Coach bietet eine Formulierung an: »Wie wäre ›Ich …‹.« Und er schreibt das ›Ich‹ sichtbar auf das Flipchart. Sie können auch für ein vorhandenes Ziel die ergänzende Verstärkung »mein« oder »meine« anbieten: »Ich genieße meine hellen Sonnenstrahlen.«
- *Präsens:* Die Formulierung sollte stets im Präsens formuliert werden. Ein Ziel beschreibt eine erwünschte Situation in der Zukunft. Damit wir uns besser mit dieser Zukunftsidee verbinden können, holen wir sie in die Gegenwart.

Folgende Beispiele geben dir einen Eindruck für ein Resilienzmotto, die nach den Kriterien der handlungswirksamen Zielformulierung entwickelt wurden:
- Ich ruhe in meiner blauen Oase.
- Ich bewahre den Buddha in mir.
- Ommm-megamäßig klar bleibe ich.
- Ich nutze meine Schakalaka-Power!
- Die Langsamkeit bringt mich schnell ans Ziel.
- Als König der Steppe behalte ich den Überblick.

Solche Haltungsziele sind wahre »Alleskönner«. Sie bereiten keine spezifische Reaktion vor, sondern entwickeln eine generelle Haltung, aus der heraus die Coachees in Aktion treten. Mit der Entwicklung eines solchen Mottos sind die Zielinhaberinnen und -inhaber – gegebenenfalls live in deinem Coaching – über die Resilienzhürde gesprungen. Sie sind von einem Wunsch zu einem festen Willen gelangt. Sie sind motiviert, wissen, was sie wollen. Sie haben eine neue Haltung erlangt, die es ermöglicht, nun auch die Verhaltensebene erfolgreich in den Blick zu nehmen. Die Coachees befinden sich nun auf der Position 2 (s. Abbildung auf Seite 57).

KONKRETISIERUNG. Nun hast du im übertragenen Sinne eine andere Person im Coaching, die nun rechts von der Resilienzhürde steht.

Nun geht es in die Planungsphase und dann um die Umsetzung. Dazu bedarf es einer Konkretisierung. Ein bekanntes und beliebtes Verfahren ist dabei die SMART-Zielformulierung, wobei das »A« in S.M.A.R.T. bei einem wirkungsvollen Motto bereits erfüllt sein dürfte.

»[…] konkrete, spezifische Ziele [sind] nur dann sinnvoll […], wenn bereits eine Zielbindung vorhanden ist. Sie eignen sich jedoch nicht, um Zielbindung herzustellen. In der Rubikon-Terminologie [hier: Resilienzhürdenmetapher] heißt das: Wer schon über den Rubikon [Resilienzhürde, Position 2] ist, kann mit den konkreten spezifischen Zielen seine Handlung vorantreiben. Wer jedoch noch vor dem Rubikon [Resilienzhürde, Position 1] sitzt, dem ist mit konkreten Zielen nicht geholfen, die Arbeit daran verpufft« (Storch/Krause/Weber 2022, S. 151).

Daher ist es im Resilienz-Coaching wichtig, die folgende Schrittfolge zu beachten:

	ERSTER SCHRITT	ZWEITER SCHRITT
Zielarbeit	Handlungswirksame Zielformulierung	S.M.A.R.T.-Zielformulierung
Erfolgsfaktor	Identifikation des Zielinhabers mit dem Ziel	Konkretisierung des Zielinhalts
Wirkungsweise	Aufbau einer inneren Haltung	Verhaltenssteuerung durch Klarheit
Charakter	Motto, Slogan oder Claim	Formal, klar, eindeutig, prüfbar
Kriterien	• Annäherungsziel • Eigenkontrolle • positiver somatischer Marker	• Spezifisch • Messbar • Attraktiv • Realistisch • Terminiert
Anwendungsbereich	Überwindung der Resilienzhürde	Position 2

RESSOURCENAKTIVIERUNG ZUR VERSTÄRKUNG DER INNEREN HALTUNG

RESSOURCEN NUTZEN. Für die Verstetigung der neuen Haltung (Resilienzmotto) ist es wichtig, diese immer wieder einzuüben. Aber wie kann Haltung erlernt werden? Das Resilienzmotto steht für eine bereits entwickelte Haltung der Coachees zu ihren ganz persönlichen, resilienzförderlichen Umgang mit spezifischen Situationen oder auch generell. Dauernde und ebenso situationsspezifische Erinnerungen an dieses Motto sind die wirkungsvollsten Instrumente.

Im Coaching geht es darum, Dinge zu finden, die mit dem Motto assoziiert werden. Im Sinne des Resilienzziels können diese Erinnerungshilfen in herausfordernden Situationen spezifisch eingesetzt werden.

BEISPIEL: SITUATIONSSPEZIFISCHER RESSOURCENAUFBAU DURCH ZIELAUSLÖSER

Ein Coachee mit dem Resilienzmotto »Als König der Steppe behalte ich den Überblick.« könnte als Erinnerungshilfen eine Krone und einen Löwen gewählt haben. Als besonders herausfordernd beschreibt der Coachee die erste morgendliche Begegnung mit dem Chef direkt auf dem Firmenparkplatz. Im Coaching hat er die Idee entwickelt mit Liedern aus »König der Löwen« zur Arbeit zu fahren. Dies verleiht ihm Löwenpower.

RESILIENZMOTTO SITUATIONSUNABHÄNGIG ERINNERN. Wichtig ist es zudem, die Coachee situationsunabhängig an ihr Resilienzmotto zu erinnern. Dank der neuronalen Plastizität wird so sein neuronales Resilienznetz gestärkt: »Cells that fire together, wire together« (hebbsche Lernregel). Die Coachees können sich mit den Erinnerungen selbst Lernangebote machen und wir als Coach können ihnen helfen, Ideen dafür zu entwickeln. Solche Erinnerungshilfen können sein:

- Figuren
- besondere Stifte
- Schlüsselanhänger
- Bilder
- Farben
- Musik
- andere Objekte

BEISPIEL: TRAINING DER NEUEN INNEREN HALTUNG MITTELS PRIMING

Als nicht spezifische Erinnerungshilfen stellt sich unser Coachee einen kleinen Löwen auf den Schreibtisch, wählt das Bild einer Steppe als Hintergrundbild auf seinem PC sowie als Bildschirmschoner auf seinem Handy. Zudem trägt er in der Hosentasche eine kleine Spielfigur mit Krone.

HALTUNG WORTWÖRTLICH – EMBODIMENT. Auch der eigene Körper eignet sich sehr gut dazu, das neuronale Ressourcennetzwerk auszubauen und zu stärken. Häufig gestikulieren Coachees, wenn sie ihr Resilienzmotto erarbeiten. Auch andere intuitive Körperbewegungen könnten somatische Marker sein. Diese greifen wir als Coach auf und schildern unsere Beobachtung.

BEISPIEL: EMBODIMENT – VERKÖRPERN DER RESSOURCE

Im Beispielfall können wir so vorgehen: »Darf ich Ihnen eine Beobachtung schildern?« Coachee: »Ja, gern.« Coach: »Als Sie sagten ›König der Steppe‹, verlagerten Sie Ihr Gewicht nach vorn und Sie wippten mit den Zehenspitzen. Bei den Worten ›behalte ich den Überblick‹ schwenkten Sie mit dem Kopf von rechts nach links. Ich frage mich, ob eine der Bewegungen besonders gut zu Ihrem Resilienzmotto passt? Probieren Sie es noch einmal aus, auch wenn es Ihnen komisch erscheinen mag – uns beobachtet niemand –, welche Bewegung passt, wenn Sie Ihr Motto noch einmal laut sagen?«

Die Entwicklung eines Resilienzmottos, das Suchen und Finden von geeigneten Erinnerungshilfen sowie die Entwicklung einer körperlichen Repräsentanz mittels Embodiment sind nicht nur in höchstem Maße wirkungsvoll und unterstützen dauerhaft resilientes Verhalten. Last but not least – und das ist wiederum auch resilienzfördernd – machen sie auch Spaß.

FOOD FOR THOUGHT

- Bäumerich, M. (2016): Ambivalenz und Beratung. Struktur von Ambivalenz und mediationsanaloges Bearbeiten. Norderstedt: Books on Demand.
  Es ist schwer ein gutes Buch über Ambivalenzen zu finden. Hier ist es!
- Csikszentmihalyi, M. (2015): Flow und Kreativität. Wie Sie Ihre Grenzen überwinden und das Unmögliche schaffen. 2. Auflage. Stuttgart: Klett-Cotta.
  Eine systemische Betrachtung von Kreativität als generative Quelle und für Veränderung.
- Leeb, W. A./Trenkle, B./Weckmann, M. F. (2011): Der Realitätenkellner. Hypnosystemische Konzepte in Beratung, Coaching und Supervision. 2. Auflage. Heidelberg: Carl-Auer.
  Geschrieben zu Ehren meines Lehrers Gunther Schmidt. Hypnosystemik zum Anfassen.
- Miller, W. R. /Rollnick, S. (2015): Motivierende Gesprächsführung: Motivational Interviewing: 3. Auflage. Freiburg im Breisgau: Lambertus.
  Ein Klassiker. Grundlage eines ganzen Ansatzes: Motivational Interviewing (MINT).

- Storch, M./Krause, F./Weber, J. (2022): Selbstmanagement – ressourcenorientiert. Theoretische Grundlagen und Trainingsmanual für die Arbeit mit dem Zürcher Ressourcen Modell (ZRM®). 7. Auflage. Bern: Hogrefe. Unverzichtbarer Referenzpunk für jeden ZRM-Trainer. Für mich eines der Top fünf Bücher in Sachen Selbstmanagement. Das Zürcher Ressourcen Modell prägt fast jedes Coaching von mir.

Und für die, die noch einen DVD-Player besitzen – es lohnt sich dafür einen anzuschaffen:

- Storch, M. (2012): Wunschbilder, die mich motivieren. Die ZRM Wunschelemente-Technik und selbstgenerierte Ressourcenbilder. Müllheim/Baden: Auditorium.
- Storch, M. (2010): Motto-Ziele und Motivation. Wie Ziele mit Kraft, Lust und hoher Wirksamkeit entwickelt werden. Müllheim/Baden: Auditorium Netzwerk.

Teil 2

Die sieben Stufen der Resilienz

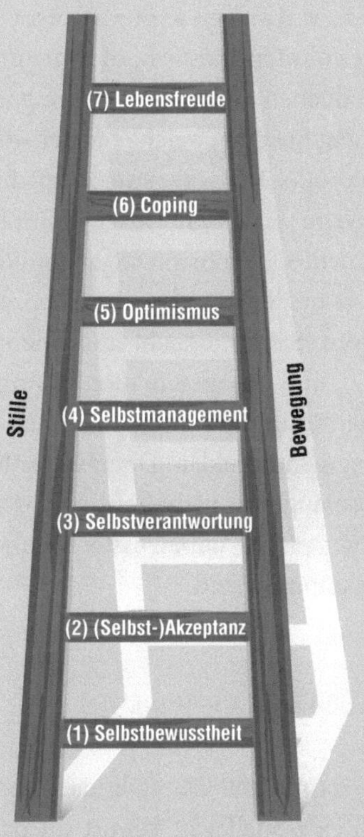

Stufe 1: Selbstbewusstheit

AUF EINEN BLICK

»Zunächst sind wir geneigt, den Wert des Kriteriums der Bewusstheit […] recht herabzusetzen. Aber wir täten unrecht daran. Es ist damit wie mit unserem Leben; es ist nicht viel wert, aber es ist alles, was wir haben« (Freud 1931).

Da stimmen wir Sigmund Freud zu. Den größten Teil unseres Lebens verbringen wir unbewusst. Wir denken, fühlen und handeln in gewohnten Mustern, die wir uns im Laufe der Zeit – aus unterschiedlichen Gründen – angeeignet haben. Solange wir uns nicht bewusst machen, welche Muster wir haben, haben wir keine Chance, Denk- oder Verhaltensweisen zu ändern.

Wenn wir unsere Coachees im Resilienz-Coaching auf dem Weg zu einem souveränen Umgang mit Krisen und auf dem Weg »zu sich selbst« begleiten wollen, ist es unsere erste Aufgabe, Bewusstheit zu fördern. Sie ermöglicht uns einen klaren Blick auf uns, unser Befinden und unsere Situation. Damit ermöglichen wir uns selbst, das Steuerrad in die Hand zu nehmen und uns für die »richtige« Richtung zu entscheiden. Denn wie sollen wir steuern und uns ausrichten, solange wir nicht bewusst wissen, wo wir heute stehen und aufgrund welcher unbewusster Denk- und Verhaltensweisen wir hier angekommen sind.

THEORETISCHER INPUT

DOPPELT AUFWACHEN. »Oh, nächsten Monat ist schon wieder Weihnachten!« Vielleicht kennst du das ebenfalls? Die Tage vergehen, die Wochen ziehen ins Land, die Jahreszeiten laufen an uns vorbei … Einen Großteil unseres Lebens verbringen wir »bewusstlos«.

Wir steigen morgens in unser Hamsterrad ein, denken und reden in unseren Gewohnheitsschleifen, gehen ins Bett und am nächsten Tag grüßt das Murmeltier erneut und es geht weiter. Wir lassen uns treiben durch den Fluss des Lebens, der mit uns mal hier- und mal dorthin fließt. Doch falls wir Entscheider und Kapitänin in unserem Leben sein wollen, müssen wir aktiv dafür sorgen, ein zweites Mal am Tag aufzuwachen. Selbstverständlich können wir nicht alles im Leben beeinflussen (auch wenn das für viele Kontrollfreaks eine herausragend attraktive Vorstellung wäre). Allerdings können wir uns bewusst machen, was wir unbewusst tun! Dabei spielen unsere Gedanken die erste Rolle, da sie uns und unser Verhalten prägen.

In der Psychologie wird Selbstbewusstheit als Tendenz zur Selbstaufmerksamkeit bezeichnet (Dorsch 2022). Dabei können unsere Gedanken in zwei Richtungen laufen:

- Die Tendenz, dass wir über uns selbst nachdenken.
- Die Tendenz, dass wir darüber nachdenken, wie wir auf andere wirken.

Als soziale Wesen sollten wir natürlich auch ein Interesse daran haben, zu wissen, wie wir auf andere wirken (wollen). Um Resilienz zu trainieren, sollten wir jedoch von innen nach außen arbeiten und mit der ersten Tendenz – dem Bewusstwerden unserer Innenwelt – starten.

GEDANKENMANAGER WERDEN. Um Veränderungen zu initiieren, ist es wichtig zu lernen, die eigenen Gedanken zu managen. Durch die bewusste Auseinandersetzung mit uns selbst können wir erkennen, wie unsere Automatismen und Gewohnheiten unsere Innenwelt formen. Mitnichten ist es leicht, aus der berühmten Vogelperspektive die eigenen Gedanken anzuschauen und als »subjektive Informationen« anzuerkennen, ohne diese zu beurteilen. Es bedarf des Trainings und dieses Training beginnt mit ungeteilter Aufmerksamkeit uns selbst gegenüber. Selbstbewusstheit können wir uns ähnlich vorstellen, wie Martin Permantier es beschreibt: »Es ist, als würden wir einem Freund beim Leben zuschauen« (Permantier 2019, S. 231).

ÜBUNG

DEIN CHECK: ICH DENKE …

Halte einen Augenblick inne. Welche sind deine typischsten Gedanken, die du über dich und die Welt denkst? Vielleicht stellst du dir dazu vor, wie ein Freund dich bei deinem Denken einen Tag lang beobachtet …

____

____

____

»HALLO KLAGEGEIST!« In seinem Buch »Der Selbst-Entwickler« bezeichnet Jens Corssen unsere Selbstbewusstheit als erstes Werkzeug zur Selbstentwicklung (Corssen 2006). Wie ein Zeuge versetzen wir uns in die Lage zu beobachten, »wie es uns denkt«. Gerade die Verstimmtheit beziehungsweise die schlechte Laune von uns Menschen ist zumeist Folge automatischer Gedanken und eines der größten Hindernisse für Lebensfreude. Wir entscheiden uns nicht bewusst für »Ach, heute klage ich mal den ganzen Tag, dass ich es so schwer habe«. Im Gegenteil: Wir lassen diese automatischen Gedanken ungefragt laufen und lassen uns von ihnen vorgeben, wie es uns geht! Durch das Trainieren unserer Selbstbewusstheit erkennen wir, dass da wieder einmal ein Beklagen im Gange ist: »Oh, hallo, mein Klagegeist ist wieder da.« Dafür müssen wir sozusagen ein zweites Mal am Tag aufwachen, um uns dieser Gedanken gewahr werden zu können.

Auch Eckart Tolle stellt fest, dass das Bewusstsein um ein Vielfaches größer ist, als wir es uns vorstellen können, und wie wichtig es ist, nicht alles zu glauben, was wir denken (Tolle 2021).

Uns selbst mit Abstand zu beobachten ist in der Akzeptanz- und Commitmenttherapie (ACT) als »Selbst-als-Konzept« bekannt (Wengenroth 2017). Vermeintliche Unmöglichkeiten, Illusionen oder Geringschätzungen, mit denen wir uns identifiziert haben, verlieren aus der stabileren, sicheren Perspektive des Beobachters ihre Wirksamkeit. Oft ist dies eine ganz neue Erkenntnis für unsere Coachees: »*Ich* kann bewusst entscheiden, was ich denke!« Insbesondere Gedanken gegenüber, die uns nicht guttun, negativ sind oder uns gar abwerten, fühlen sich Coachees oft hilflos ausgesetzt. Vor allem sich gemütlich eingerichtete negative Glaubenssätze (»Ich bin nur wertvoll, wenn ich viel Geld verdiene.«) richten dauerhaften Schaden an und boykottieren unsere Resilienz. Somit ist es von größter Wichtigkeit zu erkennen, dass wir nicht das Produkt unserer Gedanken sind und dass wir nicht alles glauben sollten, was an Gedanken »mal eben so« in unserem Kopf herumschwirrt (»Ich bin nicht gut genug, um bei diesem Projekt mitzumachen.«).

Für unsere Resilienz ist somit wichtig: Ich entscheide selbst, was ich denke!

Für unsere Selbstbewusstheit und die Beobachtung unserer Gedanken benötigen wir ungeteilte Aufmerksamkeit und Achtsamkeit für uns. Wir müssen unser Hamsterrad anhalten und unsere täglichen Murmeltiere in einen Kurzurlaub schicken, um aufmerksam und achtsam wahrzunehmen, was ist.

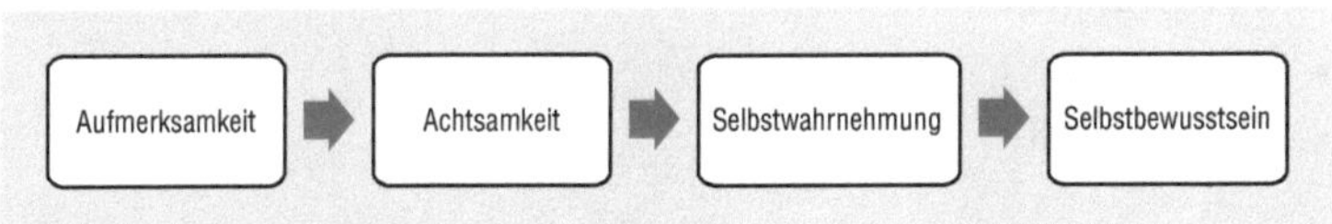

Das Fundament für Selbstbewusstheit

ACHTSAMKEIT beinhaltet zunächst das sorgsame Wahrnehmen des gegenwärtigen Geschehens. Es ist ein Innehalten, um mit allen Sinnen unsere Gedanken, unseren Körper, unsere Gefühle, unsere Beziehungen, unser Handeln und die Dinge um uns herum wahrzunehmen. Wenn wir Achtsamkeit willentlich initiieren, können wir von »absichtlicher Achtsamkeit« sprechen. Je häufiger wir uns in Achtsamkeit üben, desto eher entsteht sie auch spontan und wird zur »mühelosen Achtsamkeit« (Kabat-Zinn 2020, S. 121). In jedem Fall lehrt uns die Achtsamkeit, darauf zu schauen, was in unserem Geist passiert und uns wie ein wohlwollender Freund beim Denken zuzuschauen. Idealerweise geschieht das ohne Absicht und ohne Bewertung unserer Gedanken – und das ist wirklich nicht leicht, wie wir finden! Um durch Achtsamkeitspraxis den Geist zu beruhigen und Stress zu reduzieren, enthält das Konzept der Mindful Based Stress Reduction (MBSR) von Jon Kabat-Zinn zwölf Haltungen, die zum Beispiel in einer Meditation kultiviert werden können:

- Nicht-Urteilen
- Geduld
- Anfängergeist
- Vertrauen
- Nicht-Erzwingen
- Loslassen
- Sanftmut
- Mitgefühl
- Liebende Güte
- Großzügigkeit
- Akzeptanz
- Dankbarkeit

JENSEITS VON RICHTIG ODER FALSCH. Wir können uns selbst dabei zuschauen, wie schnell wir ein Urteil fällen, etwas erzwingen wollen oder ungeduldig warten, bis wir endlich wieder selbstoptimierend oder leistungsorientiert etwas schaffen können. Vielleicht kennst du das auch? Sich dieses Problems gewahr zu werden, dies zu spiegeln und einen Raum zu geben, um nur zu beobachten und zu erkennen, ist unsere Aufgabe im Coaching, um Selbstbewusstheit zu fördern. Dabei können wir den Gedanken von Rumi gleichermaßen auf uns und auf unsere Coachees anwenden: »Jenseits von richtig oder falsch gibt es einen Ort – da werden wir uns begegnen« (Rumi).

ÜBUNG

DEIN CHECK: ACHTSAME SELBSTBEOBACHTUNG

Was nimmst du *jetzt* wahr, wenn du mit allen deinen Sinnen in die folgenden Bereiche hineinschaust? Denke daran, dass es um eine liebevolle Beobachtung von dir geht, nicht um eine Bewertung, ob du das gerade gut oder blöd findest.

- Welche Gedanken habe ich gerade?

  ____

  ____

  ____

- Welche Gefühle habe ich gerade?

  ____

  ____

  ____

- Wie geht es meinem Körper jetzt gerade?

  ____

  ____

  ____

- Was bedeutet Achtsamkeit für mich? Wie begründe ich dies für mich?

____

____

____

UNSERE ERFAHRUNG: LIEBEVOLLE AUFMERKSAMKEIT MACHT STARK

Der absichtslose Blick auf die eigene Innenwelt unter Ausschluss verurteilender und bewertender Gedanken von sich selbst (und anderen) ist für viele Coachees Neuland. Durch die unbewussten Denkmuster und die schnellen Beurteilungen begrenzen sie den Raum ihrer Gedanken und damit ihrer Welt sehr stark! Manchmal haben sie vergessen, wie es sich anfühlt, sie selbst zu sein. Sie spüren sich und das eigene Richtigsein seit langer Zeit wieder, wenn sie sich einmal liebevoll zuhören. Aufmerksam zu machen auf die eigenen Bewertungen und einen urteilsfreien Raum anzubieten, bietet unseren Coachees freies Denken. Einer meiner Coachees schloss unsere Sitzung neulich mit den Worten: »Danke für die Chance, wieder im Dialog mit mir selbst zu sein.« (DL)

MIT TASCHENLAMPE REISEN. Neben der Achtsamkeit mit dem Fokus auf das Geschehen im Hier und Jetzt gehört zur Bewusstheit natürlich ebenso die Reflexion der Vergangenheit (Was war eigentlich …?) sowie das Gewahrsein der Zukunft (Was kommt eigentlich …?). Ganz aktiv können wir auch Klarheit schaffen bezüglich äußerer Einflüsse (Welche Normen und Werte sind in meiner Kultur vorherrschend? Welche Erwartungen werden an mich gestellt? Et cetera.). Bei allem, was sich diesbezüglich in unserer Außenwelt abspielt und kommt und geht, ist der Großteil unserer Innenwelt stabil. Wissen über unsere Identität können wir nicht aus Büchern generieren. Wir müssen uns aktiv auf eine Reise in uns selbst begeben. Dabei können wir Coaches als aufmerksame Reiseleiterinnen und Reiseleiter sehr wichtig sein, um Schritt für Schritt zu begleiten und mit unserer Taschenlampe auch unbekannte oder dunkle Ecken etwas heller machen.

DIE ECKPFEILER UNSERER IDENTITÄT SICHTBAR MACHEN. Um unseren Coachees die *eigenen* Erwartungen, Rollen, Werten und Zielen bewusst zu machen und das Wissen über unsere Identität aktiv zu fördern, können wir im Coaching beispielsweise mit den sieben »logischen Ebenen« aus dem NLP-Coaching arbeiten (Dilts 2005). Das Modell dient der Orientierung, um sich über eigene Ziele und Visionen bewusst zu werden, Ressourcen zu aktivieren und Veränderungen zu initiieren. Dabei geht es um das Bewusstwerden unserer Umwelt, unseres Verhaltens, unserer Fähigkeiten, Werte und Einstellungen, unserer Identität, Zugehörigkeit und um nicht weniger als den Sinn unseres Lebens.

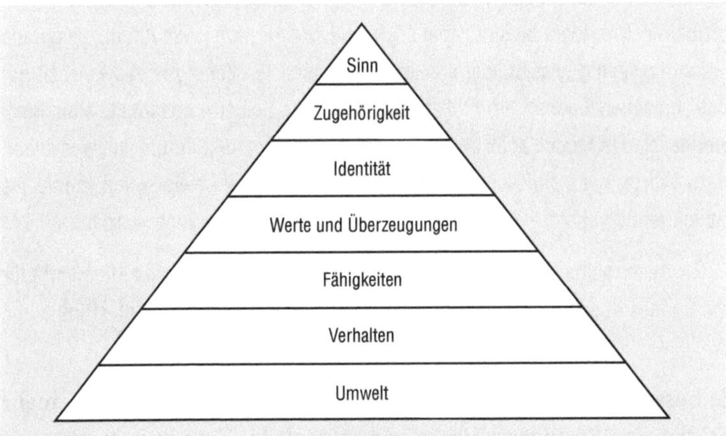

Die sieben logischen Ebenen (in Anlehnung an: Dilts 2005)

Zu diesem Tool stellen wir dir bei den praktischen Übungen konkrete Fragestellungen zur Verfügung. Du kannst das Modell der logischen Ebenen auf zwei Arten anwenden.

- Du kannst die Fragen der einzelnen Ebenen direkt im Coaching nutzen. Ein Problem lässt sich oft nicht auf der Ebene des Problems lösen (zum Beispiel eine Fähigkeit trainieren), sondern eher in den Ebenen darüber (beispielsweise Werte, Identität). Veränderungen und »sinnvolle« Lösungsstrategien liegen somit meist in den höheren Ebenen.
- Du kannst mit deinen Coachees auch das gesamte Modell bearbeiten. Lasse ihnen dabei die Zeit, die sie benötigen und nutze alle Materialien, die euch Raum geben (Karten, Flipchart, Pinnwände und Ähnliches). Gib ihnen zudem die Möglichkeit, nach eurer Sitzung weiter daran zu arbeiten.

UNSERE ERFAHRUNG: DIE SIEBEN EBENEN ALS SELBST-STÄRKENDE STRUKTUR

Insbesondere bei jungen Coachees, die mitten in der Entwicklung und im Ausprobieren ihrer Identität sind, aber auch bei Erwachsenen jeden Alters, die gerade »nicht so richtig wissen, wer sie sind und was sie wollen«, bietet die Arbeit mit den logischen Ebenen ein plakatives Gerüst zur Selbstbewusstheit. Manchmal wende ich das Modell auch bei Fragen zur beruflichen Ausrichtung an, was schon dazu führte, dass ein Bankkaufmann erkannte, dass er – wie schon immer als Bauchgefühl gehabt – Tischler werden wollte und es dann auch wurde.

P. S.: Auch meine zehnjährige Tochter hat mithilfe dieses Modells Stichworte für ihr eigenes »Leitbild« geschrieben, das stolz in ihrem Zimmer steht. (Dina)

Je besser wir uns kennen, je mehr wir von uns wissen, umso mehr Stärke und Resilienz können wir entwickeln. Eine weitere, kreative Möglichkeit dafür ist, ein eigenes Leitbild zu erarbeiten. Mehr dazu findest du im Kapitel »Selbstmanagement« (Stufe 4). Dazu passt das Zitat von Jon Kabat-Zinn: »Es ist das Bewusstsein, das uns Leben einhaucht. Es ist das letzte Geheimnis, das, was uns zu mehr macht als einem Mechanismus, der denkt und fühlt« (Kabat-Zinn 2020, S. 324).

ÜBUNG

DEIN CHECK: SELBSTBEWUSSTHEIT FÜR DICH TO GO

Beachte unsere Kernpunkte:

- Um uns unser Selbst bewusst zu werden, müssen wir regelmäßig proaktiv aus unserem Hamsterrad aussteigen.
- Wir sind Gedankenmanager, sobald wir selbst entscheiden, was wir denken.
- Durch gelebte Achtsamkeit schauen wir liebevoll ohne Ziel und ohne Urteil auf den gegenwärtigen Moment – dies verschafft uns Übersicht, Klarheit und Ruhe.
- Mit konkreten Überlegungen zu unserer Identität definieren wir das Fundament unserer inneren Stärke.

Du kannst dir sagen:

- Ich bin selbstbewusst!
- Ich muss nicht alles glauben, was ich denke!
- Ich kann denken, was ich möchte!
- Ich bin einzigartig!

Notiere dir deine Punkte, die dir gerade spontan einfallen:

____

____

____

Auch hierzu folgen nun einige Literaturtipps, wenn du dich noch intensiver damit auseinandersetzen möchtest.

FOOD FOR THOUGHT

- Corssen, J. (2006): Der Selbst-Entwickler. Hörbuch. Campfire Audio.
  Ein absolutes Must-have für alle, die sich mit Entwicklung auseinandersetzen! Humorvoll erzählt.
- Fromm, E. (2017): Authentisch leben. 18. Auflage. Freiburg: Herder.
  Dieses Buch ist der Klassiker für ein bewusstes, eigenes Leben.
- Jung, C. G. (2021): Die Beziehungen zwischen dem Ich und dem Unbewussten. 4. Auflage. Ostfildern: Patmos.
  Ein anspruchsvolles Buch, das eine Einführung in die Grundbegriffe und Zusammenhänge der analytischen Psychologie von Jung bietet.
- Kabat-Zinn, J. (2020): Zur Besinnung kommen. Die Weisheit der Sinne und der Sinn der Achtsamkeit in einer aus den Fugen geratenen Welt. 2. Auflage. Freiburg: Arbor.
  Auch wenn ich noch nicht alle 647 Seiten gelesen habe, habe ich das Gefühl, ich werde mit diesem fundamentalen Werk zu Sinn, Bewusstheit und Leben einmal in den Urlaub fahren … (DL)
- Strobach, S./Hess, M. (2021): Achtsamkeit in Wort und Bild. 60 Impulskarten für die professionelle Anwendung. Inklusive digitaler Version, 40-seitigem Booklet und Online-Material.
  Mithilfe dieses Kartensets lassen sich die zwölf Haltungen für ein achtsames Leben sehr gut trainieren.

Übungen Stufe 1: Selbstbewusstheit

Speziell für diese erste Stufe »Selbstbewusstheit« haben wir dir eine Reihe von Übungen zusammengestellt. Du erhältst alle Übungen bei den Online-Materialien zum Ausdrucken und Bearbeiten. Hier im Buch kannst du gleich mit denen loslegen, die mit Sternchen * gekennzeichnet sind.

- Achtsam sein
- Achtsam sehen *
- Achtsam hören
- Achtsam fühlen (spüren und berühren) *
- Achtsam fühlen (Gefühle) *
- Achte auf deine Gedanken *

ÜBUNG STUFE 1: ACHTSAM SEHEN

Außen: Stelle dich ans Fenster und schaue nach draußen. Was siehst du dort? Was nehmen deine Augen wahr in diesem Augenblick? Bitte beschreibe ganz genau, was du siehst. Wichtig: Bewerte nicht, was du siehst, sondern beschreibe es lediglich.
Ich sehe

____

____

____

____

____

Innen: Nun stelle dich vor den Spiegel und betrachte dich selbst. Was siehst du dort? Was nimmst du wahr von dir selbst? Wichtig, bewerte nicht, was du siehst, sondern beschreibe es lediglich.
Ich sehe

____

____

____

ÜBUNG STUFE 1: ACHTSAM FÜHLEN (SPÜREN UND BERÜHREN)

Außen: Betrachte die Gegenstände um dich herum und suche dir einen aus. Nimm ihn in deine Hände und nimm wahr, was deine Hände spüren, wenn du ihn berührst. Beschreibe das, was du wahrnimmst, ganz detailliert. Achte auf Temperatur, Oberflächenstruktur, Form …
Ich fühle

____

____

____

Innen: Nun verschränke deine Hände ineinander und schließe für einen Augenblick deine Augen. Taste mit deinen Fingern die Finger sowie die Handinnen- und Handaußenflächen beider Hände (die schon so viel berührt und gemacht haben) bewusst ab. Was spürst du? Wie fühlen sich deine Hände an? Fühlen sie sich gleich an?
Ich spüre

____

____

ÜBUNG STUFE 1: ACHTSAM FÜHLEN (GEFÜHLE)

Außen: Denke an einen Ort, an dem du dich geborgen und wohlfühlst und an den du ausnahmslos positive Erinnerungen hast. Nennen wir ihn deinen Lieblingsort. Nun begib dich in Gedanken an deinen Lieblingsort und spüre einmal nach, was du dort fühlst. Welche Gefühle verknüpfst du damit?
Ich fühle

»Einstieg in die Übung« – falls erforderlich: Für den Fall, dass es dir heute schwerfällt, könntest du dich gedanklich an einen schönen Tag zurückbegeben, um ein Gefühl für dich zu bekommen. Schreibe die Gefühle auf, die du an diesem Tag in Bezug auf dich in der Erinnerung fühlst.
Ich fühle

Schön, dass dir das möglich war. Wie geht es dir damit? Was denkst du, wenn du das nun liest? Bitte trage deine Gedanken hier ein.

Lies deine Gedanken aufmerksam durch, schließe für einen Moment die Augen und gehe in Kontakt mit dir. Sobald dir das gelingt, bearbeite nun den »Innenteil«.

Innen: Nun denke an dich selbst. Was denkst du über dich? Welche Gefühle verbindest du mit dir selbst? Vielleicht hilft es dir, wenn du dafür die Augen schließt. Dadurch könntest du eventuell leichter in das Gefühl zu dir selbst kommen.
Ich fühle

___

___

___

Schön, dass dir das möglich war. Wie geht es dir damit? Was denkst du, wenn du das nun liest? Bitte trage deine Gedanken hier ein.

___

___

___

ÜBUNG STUFE 1: ACHTE AUF DEINE GEDANKEN

Achte auf deine Gedanken,
denn sie werden Worte.
Achte auf deine Worte,
sie werden Handlungen.
Achte auf deine Handlungen,
denn sie werden Gewohnheiten.
Achte auf deine Gewohnheiten,
denn sie werden dein Charakter.
Achte auf deinen Charakter,
denn er wird dein Schicksal.
(chinesisches Sprichwort)

Dein Denken ist die Ausgangsbasis für dein Fühlen und dein Handeln und damit für den Verlauf deines Lebens.

Deine Gedanken formen deine innere Welt und damit dein nach außen sichtbares Leben. Wie lautet deine Einschätzung? In der Skala bedeutet 1 = sehr wenig, 10 sehr oft.

FRAGE	MEINE EINSCHÄTZUNG
Wie sehr achtest du auf deine Gedanken?	☐1 ☐2 ☐3 ☐4 ☐5 ☐6 ☐7 ☐8 ☐9 ☐10
Diesen Wert habe ich angekreuzt, weil ________ ________	
Wie sehr achtest du auf deine Handlungen?	☐1 ☐2 ☐3 ☐4 ☐5 ☐6 ☐7 ☐8 ☐9 ☐10
Diesen Wert habe ich angekreuzt, weil ________ ________	
Wie sehr achtest du auf deine Gewohnheiten?	☐1 ☐2 ☐3 ☐4 ☐5 ☐6 ☐7 ☐8 ☐9 ☐10
Diesen Wert habe ich angekreuzt, weil ________ ________	
Wie sehr achtest du auf deinen Charakter?	☐1 ☐2 ☐3 ☐4 ☐5 ☐6 ☐7 ☐8 ☐9 ☐10
Diesen Wert habe ich angekreuzt, weil ________ ________	

Stufe 2: (Selbst-)Akzeptanz

AUF EINEN BLICK

»Akzeptiere, was du nicht ändern kannst.« – Vielleicht hast du schon selbst die Erfahrung gemacht, Dinge ändern zu wollen, die »eigentlich« nicht zu ändern sind? Daher könnte die Frage lauten: Wie oft willst du jeden Tag Dinge ändern, die du gerade nicht ändern kannst? (Zum Beispiel: »Das kann doch nicht sein, dass meine Kollegin das schon wieder nicht verstanden hat!«) Bei Weitem müssen wir nicht alles gut-heißen, was ist. Vielmehr geht es darum festzustellen, dass du etwas *jetzt* gar nichts ändern kannst und es für deinen Energiehaushalt ein riesengroßer Gewinn ist, wenn du dies akzeptierst.

In der ersten Stufe haben wir uns der Selbstbewusstheit mit der Erkenntnis gewidmet, dass wir achtsames Bewusstsein benötigen, um unsere Gedanken und Gefühle als solche zu erkennen und liebevoll zu beobachten. Nun geht es darum, Frieden zu schließen mit den Dingen, die nicht kontrollierbar oder veränderbar sind. Es gibt immer Gegebenheiten außerhalb unseres Einflussbereichs, die sind, wie sie sind. Idealerweise haben wir uns diese in der Stufe 1 bewusst gemacht. Doch nicht alles von dem, was wir dann deutlich vor uns sehen, wird uns beziehungsweise unseren Coachees gefallen. Neben den »Gesetzen des Lebens« gilt es auch, Unsicherheiten, Ängste, Verletzlichkeit und Scham zu akzeptieren. Tun wir dies nicht, geben wir lebenslang Energie in das Bekämpfen oder Verdecken dieser Anteile – und das kann extrem anstrengend sein! Und: Resilient zu sein heißt auch, sich selbst zu akzeptieren und zu lernen, die eigene Kraft angemessen einzusetzen – oder einzusparen.

THEORETISCHER INPUT

DIE GROSSEN SACHEN AKZEPTIEREN: JA ZUM LEBEN SAGEN. Akzeptierst du bewusst, dass das Leben Regeln hat? Alles im Leben kommt und geht. Schon um 500 v. Chr. fasste der griechische Philosoph Heraklit seine Gedanken des natürlichen Prozesses von Werden und Wandel zusammen als »Panta rhei« (Alles fließt.). Auch wenn wir das Leben und die Liebe noch so sehr festzuhalten versuchen – nichts bleibt auf Dauer. Nun haben wir zwei Möglichkeiten, damit umzugehen.

- *Option 1:* Wir können versuchen, Widerstand zu leisten. Wir können sagen: »Ich bin nicht einverstanden damit, dass ich nichts festhalten kann und alles endet. Ich will das nicht!«
- *Option 2:* Wir können Ja zum Leben sagen. Und zwar zu dem »Gesamtpaket« Leben. Wenn wir ein Auto gekauft haben, sollten wir uns nicht über Stau beschweren. Wir haben ein All-inclusive-Paket gekauft: Auto inklusive Stau. Wenn wir uns bewusst entscheiden, beim Leben mitzumachen, sagen wir ebenso Ja zu Herausforderungen, Wandel und Tod.

Auch wenn Jens Corssen in seinem Buch »Lieben« (2020) die drei folgenden Sätze als Liebesregeln bezeichnet, sind sie aus unserer Perspektive gleichzeitig Lebensregeln, mit denen wir eine grundsätzliche Akzeptanz für das Leben etablieren können – und vielleicht sogar unserem Leben mehr Liebe schenken (Corssen/Ehrenschwendner 2020, S. 25, 82 und 210).

- »Ich entscheide mich, das Leben zu lieben. Auch wenn mir vieles nicht gefällt, bin ich *für* das Leben.«
- »Ab heute liebe ich mich ohne Bedingung. Und mein Verhalten kann ich auf ein Ziel hin verbessern.«
- »Ich bin dankbar für das Geschenk, Menschen lieben zu können und mit ihnen in diesem Leben sein zu können.«

UNSERE ERFAHRUNG: »JA, ICH MACHE HEUTE NOCH EINMAL MIT!«

In unseren Coachings und auch für uns selbst nutzen wir die Liebes- beziehungsweise Lebensregeln von Jens Corssen sehr gern. Dies kann zum Beispiel in einer morgendlichen Meditation als Affirmation erfolgen. Auch seine Methode, sich morgens zunächst auf die Bettkante zu setzen, zu überlegen und dann laut zu entscheiden: »Ja, ich mache heute noch einmal mit und sage Ja zu diesem Tag, was auch immer er mir heute bringen und schenken mag«, lohnt sich aus unserer Sicht auszuprobieren. Vielleicht machst du deine eigene Version daraus und berichtest uns davon.

Die Akzeptanz- und Commitment-Therapie geht davon aus, dass wir Menschen negative Gedanken und unangenehme Gefühle am liebsten vermeiden, loswerden oder sofort verändern wollen (Wengenroth 2017). Von Heftigkeit und Kontrolle (»Weg mit dem Gedanken!«) lassen sich unsere Gedanken jedoch kaum beeindrucken. Manchmal werden sie dadurch eher stärker, sodass wir ihnen immer weniger ausweichen können. Unser Kampf gegen Gedanken verursacht Leid und kostet uns Kraft. Um Gedanken als das zu akzeptieren, was sie sind, nämlich »nur« Gedanken, hilft uns auch die Achtsamkeit, der wir uns in der ersten Stufe der Resilienz »Selbstbewusstheit« gewidmet haben.

»AHA, SO IST ES ALSO.« Wir können Akzeptanz beschreiben als eine aufgeschlossene Haltung, Gegebenheiten friedvoll anzunehmen (»Aha, so ist es also.«). Dabei machen wir in der Regel zwei Schritte.

- *Erster Schritt:* Ich nehme den Ist-Zustand bewusst wahr (Achtsamkeit).
- *Zweiter Schritt:* Ich wähle meine Reaktion des Arrangierens, sofern ich nichts ändern kann (Akzeptanz).

ÜBUNG

DEIN CHECK: WELCOME TO ALL OF YOU

Wobei ist es mir heute gelungen, Gefühle, Gedanken oder Gegebenheiten friedvoll zu akzeptieren?

____

____

____

Bei welchen unangenehmen Gefühlen, Gedanken oder Gegebenheiten im Allgemeinen würde ich mir wünschen zu sagen: »Hallo, da bist du also.«?

____

____

____

Die Fragen aus »Dein Check« kannst du im Coaching natürlich auch deinen Coachees stellen.

UNSERE ERFAHRUNG

Meine Mutter sagt immer: »Glücklich ist, wer vergisst, was nicht mehr zu ändern ist.« Mit diesem Gedanken bin ich groß geworden. Ich finde ihn hilfreich für mich selbst und meine Geschichte sowie für meine Arbeit als Coach. Deshalb ermutige ich meine Coachees dazu, sich mit der Vergangenheit zu versöhnen, damit sie den Fokus auf die Gegenwart legen und in die Zukunft schauen können. (Bea)

FRIEDEN SCHLIESSEN. Mit unangenehmen Gefühlen Frieden zu schließen, ist bisweilen ganz schön schwer. Im Laufe unseres Lebens begegnen uns jedoch sämtliche Gefühle immer wieder – sie gehören zum Leben dazu. Die aktive Auseinandersetzung und schrittweise Akzeptanz dieser Gefühle, können Weichensteller für unsere innere Kraft und Resilienz werden. Im Coaching begegnen uns diese Gefühle beispielsweise in Form von Unsicherheit, Angst oder Scham. Exemplarisch möchten wir mit dir auf die Akzeptanz von Scham und Verletzlichkeit schauen.

WEGSCHAUEN ODER EMPATHISCH SEIN? Als Coach benötigen wir Empathie als grundlegende Fähigkeit. Auch unsere Coachees wünschen sich in den allermeisten Fällen eine ausgeprägte Empathie, die in jeglicher Form von Beziehung (zu mir und zu anderen) zu unserer Resilienz beiträgt. Empathiemangel kann jedoch auch in einem Abwehrmechanismus begründet sein. Immer dann, wenn ich bei anderen mit eigenen (schwachen) Gefühlen konfrontiert werde, könnten wir blockieren – als Selbstschutz, um uns mit diesen Gefühlen nicht auch selbst auseinandersetzen zu müssen (Stahl 2017, S. 41). Solange wir abwehren, ohne es zu wissen – denn es geschieht fast immer unbewusst –, kommen wir mit unserer Empathie und ebenso mit unserer Resilienz nicht weiter. Ein Grund mehr, sich mit allen – insbesondere unseren vermeintlich schwachen – Gefühlen zu beschäftigen. Die amerikanische Professorin Brené Brown tut dies seit Jahren (Brown 2017). Sie erforscht die Themen Verletzlichkeit, Scham, Authentizität und innere Stärke.

VERLETZLICHKEIT IST MUT! In den Forschungen von Brené Brown wird deutlich, dass wir uns durch unser Streben nach Unverwundbarkeit und Perfektion zahlreiche Entwicklungschancen nehmen. Brown kehrt den kulturellen Mythos, Verletzlichkeit wäre gleichzusetzen mit Schwäche, um. Stattdessen definiert sie Verletzlichkeit als Gradmesser von Mut sowie als Quelle von Verbundenheit, Empathie und Freude. Wie befreiend und verbindend könnte es sein, wenn wir nicht immer stark und perfekt, sondern auch unsicher und schwach sein »dürften«? Sowohl aus der Angst heraus, nicht genug zu sein, als auch zum Zweck der Unterdrückung unserer Verletzlichkeit haben die meisten Menschen seelische Panzer aufgebaut. Drei klassische Schutzschilder gegen Verletzlichkeit sind die Folgenden (Brown 2017, S. 144 ff.):

DIE DREI SCHUTZSCHILDER GEGEN VERLETZLICHKEIT (NACH: BROWN 2017)

- *Schutzschild 1: Seiner Freude nicht trauen.* Wir sind verletzbar, wenn wir glücklich sind. Nach Studien von Brown bezeichnen Menschen sich selbst als am verletzlichsten, wenn sie zugeben, wie sehr sie ihren Partner lieben, wie glücklich sie über ihre gesunden Kinder sind oder wie zufrieden mit ihrem wunderbaren Job (Brown 2017, S. 146). Da wir nicht aus heiterem Himmel vom Schmerz getroffen werden wollen, ersticken wir unsere empfundene Freude mit (unsinnigen) Befürchtungen. Vorsorglich bleiben wir in unserer selbst gewählten Enttäuschungshaltung und »proben« gedanklich die Katastrophe: »Das bleibt bestimmt nicht so.«, »Auf sieben fette Jahre folgen sieben dürre.«, »Kleine Kinder, kleine Sorgen. Große Kinder, große Sorgen.«.
- *Schutzschild 2: Perfektionismus.* »Ich will bitte nur Perfektes abliefern! Ich will nichts falsch machen oder versagen!« Es ist menschlich, dass wir für unsere Erfolge und Leistungen gelobt werden wollen. Perfektionismus jedoch ist ein suchtähnliches Glaubenssystem mit zerstörerischer Kraft. Wir meinen, dadurch Scham, Beurteilung oder Tadel vermeiden zu können. Da wir das

Ziel Perfektionismus jedoch nicht erreichen können, sollten wir unsere Fehlbarkeit akzeptieren lernen. Sich mit der eigenen Fehlbarkeit auseinanderzusetzen ist im Coaching oft ein wesentlicher Schritt. Wollen wir danach weitergehen, können wir mit freundlicher Achtsamkeit uns selbst gegenüber Selbstmitgefühl erarbeiten. Dieses beinhaltet Selbstfreundlichkeit, Verbundenheit und Achtsamkeit. So nähern wir uns der (liebevollen) Erlaubnis zur eigenen Unvollkommenheit.

- *Schutzschild 3: Emotionale Betäubung (»crazy busy«).* Ungewissheit, Druck oder das Gefühl mangelnder Verbundenheit können uns Angst machen oder Scham auslösen. Damit sich daraus entstehendes Unbehagen oder Schmerz nicht ausbreiten, arbeiten wir doch lieber. Da die Gefahr von Stille ist, das man dann so schlecht weghören kann, welche inneren Stimmen zu sprechen anfangen, herrscht vielfach die Überzeugung, man müsse sich nur ausreichend beschäftigen, dann kommen auch keine schlechten Gefühle zutage. Die Gefahr ist groß, dass wir uns hiermit jegliche Chance auf Achtsamkeit, Ruhe und Entwicklung nehmen.

ÜBUNG

DEIN CHECK: MEINE SCHUTZSCHILDER

Welcher ist mein aktuell aktivster Schutzschild gegen Verletzlichkeit?

____

____

____

Wenn du magst, vollende zunächst den Satz für deinen aktuell aktivsten Schutzschild. Gern anschließend auch für die anderen beiden.

Zu Schutzschild 1: Ich fühle mich zwar verletzlich, aber ich bin sehr dankbar für …

____

____

____

Zu Schutzschild 2: In liebevoller Achtsamkeit mir selbst gegenüber erlaube ich mir Unvollkommenheit bezüglich …

____

____

____

Zu Schutzschild 3: Manchmal beschäftige ich mich absichtlich mehr als ich müsste mit meiner Arbeit oder anderen Dingen, um folgenden Gedanken oder Gefühlen aus dem Weg zu gehen …

____

____

____

Wie geht es dir mit deinen Schutzschildern? Sind sie bewusst im Einsatz oder hast du gerade erstmalig so richtig bewusst über sie nachgedacht? Aus unserer Erfahrung sind sie gut anwendbar im Coaching – was wie immer voraussetzt, dass wir uns zunächst selbst damit auseinandergesetzt haben.

KONKRETE ANWENDUNG DES MODELLS IM COACHING

Schutzschilder schützen die Menschen. Sie sind wichtig, gefühlt unter Umständen überlebenswichtig für unsere Coachees. Es ist deshalb so wesentlich, die (gute!) Absicht der Schutzschilder anzuschauen und die schützenden angst- oder schambehafteten Anteile zu benennen. In einem ersten Schritt können wir unseren Coachees von der Existenz verschiedener Schutzstrategien erzählen, welche und warum es diese (in bester Absicht) gibt. Danach kann es um die Reflexion eigener Schutzschilder gehen. Gut ist es, wenn du mit deinen Coachees zu diesem Zeitpunkt bereits ein paar Resilienztools etabliert hast, auf die ihr gemeinsam zurückgreifen könnt.

UNSICHERHEIT IST DER PREIS FÜR LEBENDIGKEIT. Je resilienter wir von innen heraus werden, umso weniger Schutzmechanismen und -schilder benötigen wir. Selbstverständlich geht es nicht nur um das Akzeptieren von Verletzlichkeit und Scham. Da wir die Dinge gern unter Kontrolle haben, streben die Menschen nach Sicherheit. Sicherheit wird ebenfalls als Grundbedürfnis klassifiziert, doch ist es notwendig zu lernen, auch das Vorhandensein von Unsicherheit zu akzeptieren.

Ein wesentlicher Grund des Lebens ist, Lebendigkeit zu spüren, lebendig zu sein! Wie uns der Lauf der Natur lehrt, entsteht nichts Neues, wenn alles starr so bleiben würde, wie es ist. Jede Form von Entwicklung und Kreativität verlangt das Wagnis, vom Gewohnten in neue, unsichere Bereiche zu wechseln. Wir können uns unserer Gefühle, unserer Beziehung, unseres Lebens nicht »sicher« sein. Doch nur im Wagnis, mit der Welt in Beziehung zu gehen, können wir wirklich leben und wachsen! Dies gilt auch für unsere Gefühle. Unsere Angst zum Beispiel stellt uns Energie bereit, damit wir Herausforderungen begegnen können. Wenn wir uns das vor Augen führen, fällt es uns leichter, sie als positive Erregung zu begreifen und aus ihr Kraft zu schöpfen (Windscheid 2021, S. 33).

ÜBUNG

DEIN CHECK: (SELBST-)AKZEPTANZ FÜR DICH TO GO

Unsere Kernpunkte:

- Mit der Akzeptanz von Dingen, die *jetzt* nicht änderbar sind, können wir eine große Menge Energie sparen.
- Sich (täglich) aktiv *für* das Leben zu entscheiden ist günstiger, als dagegen zu sein.
- Durch die Arbeit mit unseren unbewusst etablierten Schutzschildern können wir Verletzlichkeit in Mut und Stärke verwandeln.

Kernsätze – Soulfood:

- I am what I am.
- Ich bin ich und das ist gut so!
- It's all part of the journey.

Deine Punkte:

____

____

____

FAZIT

FOOD FOR THOUGHT

- Brown, B. (2017): Verletzlichkeit macht stark. Wie wir unsere Schutzmechanismen aufgeben und innerlich reich werden. 10. Auflage. München: Goldmann.
  Ein liebevoller und mutmachender »Tritt in den Hintern« ohne Fassade wir selbst zu sein.

- Brown, B. (2012): Die Gaben der Unvollkommenheit. Lasse los, was Du glaubst, sein zu müssen und umarme, was Du bist. Hörbuch. Saga Egmont. Befreiend, humorvoll und mit vielen persönlichen Geschichten ein toller Begleiter auch im Auto.
- Brown, B. (2010): The power of vulnerability. TED-Talk: https://www.ted.com/talks/brene_brown_the_power_of_vulnerability Sehenswert!
- Knapp, N. (2020): Der unendliche Augenblick. Warum Zeiten der Unsicherheit so wertvoll sind. Hamburg: Rowohlt.
  Dieses Buch schafft es, Freundschaft mit der Unsicherheit zu schließen und sie als einen natürlichen, kreativen Teil des Lebens zu begreifen.
- Tolle, E. (2021). Jetzt! Die Kraft der Gegenwart. 16. Auflage. Bielefeld: Kamphausen.
  Ein Weltbestseller. Zu Recht. Ein Buch, das zeigt, was wirklich wichtig ist.
- Windscheid, L. (2021): Besser fühlen. Eine Reise zur Gelassenheit. Hamburg: Rowohlt.
  Junge Perspektiven auf das alte Thema »Emotionen«. Windscheids Besuch bei »Inas Nacht« könnte ein Einstieg in seine Gedankenwelt sein.

Übungen Stufe 2: (Selbst)Akzeptanz

Die Übungen für die zweite Stufe »(Selbst-)Akzeptanz« sind:

- Meine innere Jury
- Die gute Absicht *
- Ich bin im Einklang mit mir selbst *
- Mein inneres Ja *
- Ich bin ich und das ist gut so *

Hier im Buch sind diejenigen, die mit Sternchen * gekennzeichnet sind. Alle Übungen zum Ausdrucken und Bearbeiten erhältst du bei den Online-Materialien.

Mache zuerst die Übung »Meine innere Jury« aus den Online-Materialien. Überlege dir, wer alles in dieser Jury sitzt und was die Jurymitglieder sagen.

ÜBUNG STUFE 2: DIE GUTE ABSICHT

Schaue dir nun die Mitglieder deiner inneren Jury noch einmal an:

- Trage zunächst die Namen der inneren Stimmen ein, die dir nicht guttun.
- Trage nun den Effekt ein, die diese innere Stimme jeweils auf dich hat.
- Frage dich, was die gute Absicht deiner inneren Stimme sein könnte.

Meine innere Stimme	Der Effekt	Die gute Absicht
______	______	______
Meine innere Stimme	Der Effekt	Die gute Absicht
______	______	______
Meine innere Stimme	Der Effekt	Die gute Absicht
______	______	______
Meine innere Stimme	Der Effekt	Die gute Absicht
______	______	______
Meine innere Stimme	Der Effekt	Die gute Absicht
______	______	______

Wie geht es mir mit dieser Übung?

____

____

____

Was ist das Gute an dieser Übung für mich?

____

____

____

Und was noch?

____

____

____

Und was noch?

____

____

____

Und was noch?

____

____

____

ANREGUNG FÜR DICH: UND WAS NOCH?

Wir haben sehr gute Erfahrungen mit dem Coaching-Kniff »Und was noch« gemacht. Hierbei fragst du dreimal »Und was noch?«, nachdem dein Coachee geantwortet hat.

Dieser Coaching-Kniff dient dazu, dass dein Coachee nicht nur die Antwort nennt, die ihm oder ihr ohnehin schon bewusst ist, weil sie im Gehirn quasi »obenauf liegt«. Beim ersten »Und was noch?« fängt dein Coachee an, etwas tiefergehend nachzudenken. Beim zweiten »Und was noch?« dauert es üblicherweise noch etwas länger, bis dein Coachee antwortet, weil er oder sie noch weitergehend überlegt. Das dritte »Und was noch?« führt dazu, dass dein Coachee sehr differenziert nachdenkt. So wird es möglich, mehrere Gründe zu finden, warum die Übung gut für sie oder ihn ist.

ÜBUNG STUFE 2: ICH BIN IM EINKLANG MIT MIR SELBST

Im gegenwärtigen Augenblick anzukommen, im gegenwärtigen Augenblick zu sein, den gegenwärtigen Augenblick genießen zu können – das sind Ergebnisse von Achtsamkeit. Wenn du ganz bewusst im gegenwärtigen Augenblick angekommen bist und lernst, ihn zu genießen, dann spielen die Vergangenheit und auch die Zukunft nicht mehr so eine große Rolle.

Den gegenwärtigen Augenblick bewusst zu erleben, bedeutet, ihn wertzuschätzen und diesen Augenblick deines Lebens bewusst auszukosten. Dadurch wirst du dich dem Leben, deinem Leben so verbunden fühlen, dass es dich innerlich stärkt. Den gegenwärtigen Augenblick genießen zu können, bedeutet, im Einklang mit dir selbst zu sein.

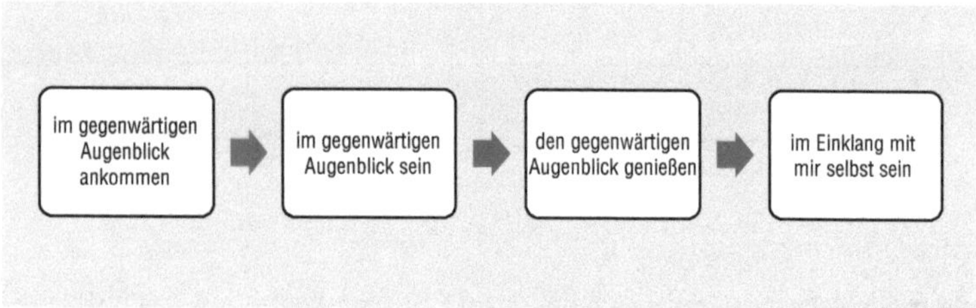

Du kannst die Übung bei deinen Klientinnen und Klienten folgendermaßen anleiten: »Setz dich bequem auf deinem Stuhl hin und atme bewusst ein und aus. Einatmen und ausatmen, ganz in Ruhe, ganz in deinem Tempo. Genieße das gute Gefühl, dass du im Einklang mit dir selbst bist. Stelle dir dann bitte vor, du würdest dich bereits jetzt von Herzen akzeptieren und annehmen, was würdest du dann von dir denken? Welche positiven Effekte hätte das für dich?

Anschließend können die Gedanken aufgeschrieben werden.

Ich würde dann von mir denken …

____

____

____

Positive Effekte sind …

____

____

____

ÜBUNG STUFE 2: MEIN INNERES JA

Innerlich stark durch das eigene Leben gehen zu können, setzt voraus, dass du dich akzeptierst und liebst, so wie du bist. Akzeptanz bedeutet laut Duden *annehmen, anerkennen, einverstanden* sein. Dich selbst zu akzeptieren bedeutet,

- dass du dich annimmst, so wie du bist,
- dass du deine Stärken, deine Bedürfnisse, deine Gefühle, deine Werte, deine Ziele, deine Persönlichkeit, deinen Körper, deine Geschichte … anerkennst und
- dass du einverstanden mit dir bist.

Dich selbst zu akzeptieren bedeutet, dass du ein inneres Ja zu dir hast!

Frage dich, wozu du bereits jetzt ein inneres Ja hast. Denke daran, sei milde, liebevoll und verständnisvoll mit dir. Du verdienst das!

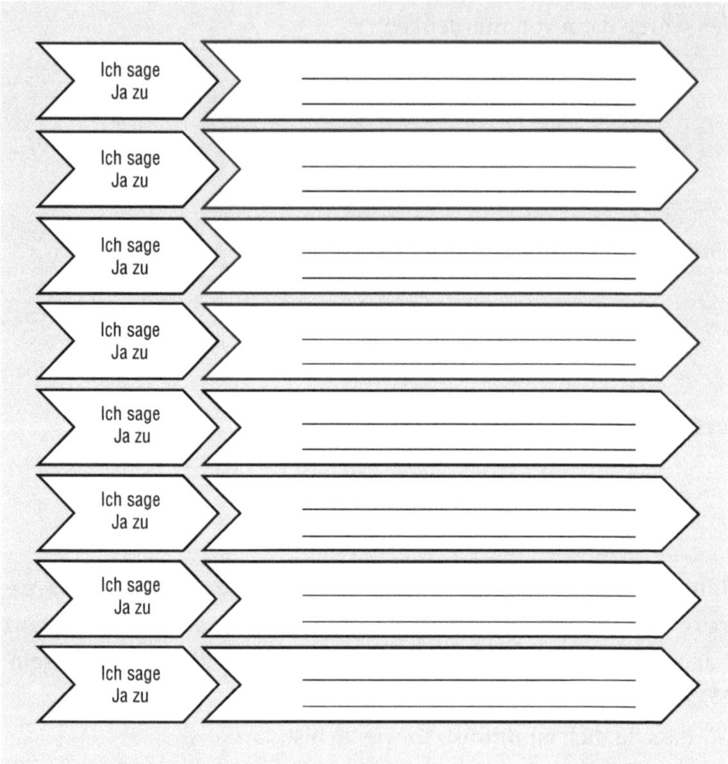

ÜBUNG STUFE 2: ICH BIN ICH UND DAS IST GUT SO

Übung macht den Meister! Auch auf dem Weg zu mehr Selbstakzeptanz ist Übung angesagt. Das Motto »Fake it until you make it« kann hier eine wertvolle Unterstützung bieten. Du wirst dann langsam, aber sicher in die Selbstakzeptanz hineinwachsen. – Du wirst es daran merken, dass du die nachfolgenden fünf Sätze über dich denken und dich dabei wohlfühlen kannst.

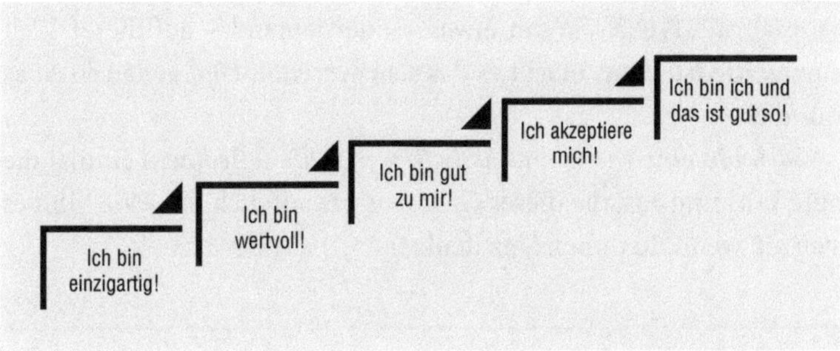

»ICH BIN EINZIGARTIG!« Sicher stimmst du dem Satz »Ich bin einzigartig« zu, oder? Dich gibt es genau einmal – das ist unbestritten.

»Ich bin einzigartig!« – Probiere einmal die gute Wirkung aus, die dieser Glaubenssatz (= innere Überzeugung) auf dich hat. Wie fühlt es sich an, wenn du diesen Satz denkst?

____

____

____

Welche inneren Vorstellungen über dich selbst erlebst du beim Denken oder auch lauten Sagen dieses Satzes als hilfreich?

____

____

____

Mit welcher Geste oder Körperbewegung kannst du dich bei diesem Satz unterstützen? Beschreibe die Geste oder Körperbewegung.

____

____

____

»ICH BIN WERTVOLL!« Wenn etwas – oder jemand – auf dieser Welt einzigartig ist, dann macht es das sehr wertvoll. Und genau so ist es mir dir.

»Ich bin einzigartig und deshalb wertvoll!« – Probiere einmal die gute Wirkung aus, die dieser Glaubenssatz auf dich hat. Wie fühlt es sich an, wenn du diesen Satz denkst?

Welche inneren Vorstellungen über dich selbst erlebst du beim Denken oder auch lauten Sagen dieses Satzes als hilfreich?

Mit welcher Geste oder Körperbewegung kannst du dich bei diesem Satz unterstützen? Beschreibe die Geste oder Körperbewegung.

»ICH BIN GUT ZU MIR!« Wenn jemand wertvoll ist, dann ist es naheliegend, gut zu diesem Menschen zu sein. Und genau das trifft auf dich zu.

»Ich bin einzigartig und deshalb wertvoll und deshalb verdiene ich es, dass ich gut zu mir bin!« – Probiere einmal die gute Wirkung aus, die dieser Glaubenssatz auf dich hat. Wie fühlt es sich an, wenn du diesen Satz denkst?

Welche inneren Vorstellungen über dich selbst erlebst du beim Denken oder auch lauten Sagen dieses Satzes als hilfreich?

Mit welcher Geste oder Körperbewegung kannst du dich bei diesem Satz unterstützen? Beschreibe die Geste oder Körperbewegung.

»ICH AKZEPTIERE MICH!« Wenn wir uns positiv einem Menschen gegenüber verhalten, dann liegt dahinter meist die Überzeugung, dass wir diesen Menschen akzeptieren. So ist es auch mit dir. *»Ich bin einzigartig und deshalb wertvoll und deshalb verdiene ich es, dass ich gut zu mir bin, weil ich mich akzeptiere!«* – Probiere die gute Wirkung dieses Glaubenssatzes aus. Wie fühlt es sich an, wenn du diesen Satz denkst?

Welche inneren Vorstellungen über dich selbst erlebst du beim Denken oder auch lauten Sagen dieses Satzes als hilfreich?

Mit welcher Geste oder Körperbewegung kannst du dich bei diesem Satz unterstützen? Beschreibe die Geste oder Körperbewegung.

»ICH BIN ICH UND DAS IST GUT SO!« Dieser Satz ist Ausdruck von purer Selbstakzeptanz. *»Ich bin einzigartig und deshalb wertvoll und deshalb verdiene ich es, dass ich gut zu mir bin, weil ich mich akzeptiere! Und genau aus diesen Gründen kann ich über mich selbst denken und sagen: ›Ich bin ich und das ist gut so!‹«* – Probiere einmal die gute Wirkung aus, die dieser Glaubenssatz auf dich hat. Wie fühlt es sich an, wenn du diesen Satz denkst?

Welche inneren Vorstellungen über dich selbst erlebst du beim Denken oder auch lauten Sagen dieses Satzes als hilfreich?

Mit welcher Geste oder Körperbewegung kannst du dich bei diesem Satz unterstützen? Beschreibe die Geste oder Körperbewegung.

Falls sich bei deinen Klientinnen und Klienten Selbstzweifel einstellen, die sich Gehör verschaffen wollen, können sie sich die folgenden Sätze anschauen und mehrmals hintereinander laut vorsagen:

- Ich bin einzigartig!
- Ich bin wertvoll!
- Ich verdiene es, dass ich gut zu mir bin!
- Ich akzeptiere mich!

Anschließend können sie tief einatmen und dann wieder tief ausatmen und sich an dem entstandenen guten Gefühl erfreuen.

Stufe 3: Selbstverantwortung

AUF EINEN BLICK

»Wie auch immer und warum auch immer Sie sich entscheiden, Sie haben damit bewusst die Verantwortung für Ihr Leben übernommen. Eine Verantwortung, die Sie ohnehin haben. Um wie viel besser ist es, sich ihrer bewusst zu sein!« (Sprenger 2015, S. 52). Sofern wir innere Stärke etablieren wollen, müssen wir dies selbst für uns tun. Die gute Nachricht ist, dass wir es selbst in der Hand haben, für unsere Resilienz zu sorgen und diese zu einem fest integrierten Teil des eigenen Lebens zu machen.

Dem gegenüber stehen zwei vermeintlich schlechte Nachrichten: Zum einen bedeutet dies echte Arbeit für uns – und zwar dauerhaft. Zum anderen können wir dann leider niemand anderem mehr die Schuld in die Schuhe schieben, wenn wir nicht glücklich sind. Wir haben auf Stufe 1 für eine klare Sicht gesorgt, auf Stufe 2 gelernt, Unveränderliches und Unangenehmes zu akzeptieren und Schutzschilder abzubauen. Nun geht es darum, bei allem, worauf wir Einfluss nehmen können, in Aktion zu kommen – und das ist eine Menge! Wie wichtig unsere Haltung diesbezüglich ist, wie unsere Selbstverantwortung im Sinne der Resilienz bearbeitet werden kann und wie wichtig diese im Coachingprozess ist, beschreiben wir dir jetzt.

THEORETISCHER INPUT

HYPOTHESE: JEDE DEINER REAKTIONEN KANNST DU FREI WÄHLEN. Glaubst du daran? Hast du diese Erfahrung bereits gemacht? Victor Frankl, Stephen Covey und wir sind nur einige, die daran glauben und die Erfahrung gemacht haben (Frankl 2017; Covey 2018). Vielleicht kennst du etwas Ähnliches: Natürlich gibt es bei der von dir ausgewählten Kasse am Supermarkt ein Problem. Du kommst zur Arbeit und deine Kollegin hat *nicht* wie versprochen die Projektskizze fertiggestellt. Schon jetzt, bei dem Gedanken daran, kann es sein, dass sich dein Puls leicht erhöht und sich deine Stresshormone in Startposition bringen. Wir fühlen uns von dem erlebten Reiz provoziert und manchmal – zack – können wir gar nicht so schnell schauen, wie es aus uns herausplatzt: »Nie machst du das, was wir besprochen haben!« Gefühlt ist ein Reiz oft einem Virus ähnlich, der anfliegt, sich auf uns setzt und auslöst, was es will.

- *Option 1: Reiz → (automatische) Reaktion.* Dies passiert immer dann, wenn wir unser Bewusstsein nicht dazu gebeten haben. Doch wie ursprünglich von Viktor Frankl beschrieben, gibt es zwischen Reiz und Reaktion optional eine Lücke, die wir nutzen können – unsere Wahlfreiheit. Sobald wir diesen Raum öffnen, haben wir die Freiheit, uns bewusst und kontrolliert für die Reaktion zu entscheiden, die wir jetzt *wollen.*
- *Option 2: Reiz → Lücke → (meine) bewusst gewählte Reaktion.* Stopp! Wenn das so einfach wäre …, denkst du jetzt vielleicht. Sowohl für dich selbst als auch für deine Coachees kannst du die folgenden fünf Schritte nutzen, um in »den Raum der Gelassenheit« zu gelangen und diesen für dich zu nutzen:

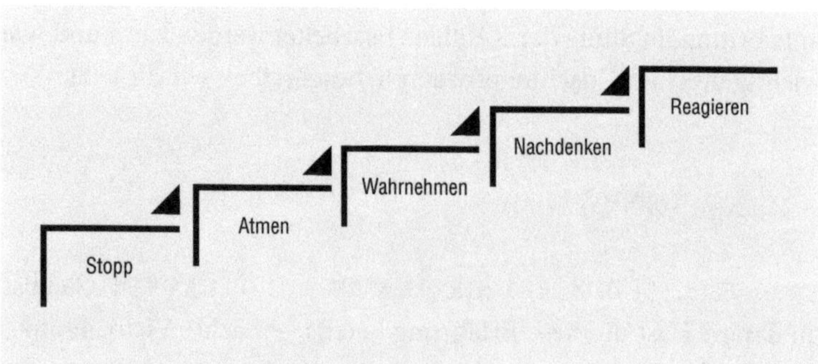

Die fünf Schritte zur Wahlfreiheit

- *Stopp:* Gib dir einen inneren Stopp-Befehl und unterbreche damit deine ursprüngliche, impulsive Handlung. Unterbinde zunächst jegliche spontane Reaktion. Dies ist schwierig, aber wichtig, denn in dem Moment ordnest du deinen Impuls wichtigeren Dingen unter – deinen Werten und Zielen, wie zum Beispiel Gesundheit, Gelassenheit, Gemeinschaft oder Zufriedenheit. Nutze hierfür ein Symbol, das du in deinem Alltag dort platzierst, wo du immer wieder darüber »stolperst«. Das kann ein Stopp-Schild sein oder aber ein Symbol für die Gelassenheit (beispielsweise in Form eines lächelnden Buddha), die du stattdessen willst.
- *Atmen:* Durch einen tiefen Atemzug stellen wir den Bezug zu unserem Körper her. Wir drücken kurz auf die Pausetaste der Außenwelt und nehmen uns die Zeit, in unseren Raum zu gehen, unseren Innenraum (der immer da ist!). Gleichzeitig geben wir Kopf und Körper das Signal: Macht mit! Ich brauche euch jetzt!
- *Wahrnehmen:* Dein Kopf ist jetzt eingeschaltet, du bist wach und bewusst. In diesem Zustand schaust du achtsam auf dich und die Situation: Wo befinde ich mich gerade? Was ist los? Wie geht es mir?
- *Nachdenken:* Was ist mein Bedürfnis? Was ist mir wichtig? Und was ist *jetzt* mein Ziel? Will ich recht haben oder Frieden? Geht es um einen mir richtig wichtigen Wert? Wichtig ist, sich in dieser Phase klar zu machen, dass einem *alle* Optionen zur Verfügung stehen: Lächeln, Kopfstand machen, ein Gedicht aufsagen, auswandern … Du entscheidest, es ist *dein* Raum, *deine* Zeit, *deine* Verantwortung, die jetzt für dich richtige Wahl zu treffen. (Es könnte sein, dass deine Kollegin dich für leicht verrückt hält, wenn du als Reaktion einen Kopfstand machst. Hier geht es jedoch um dich, nicht um die sozial erwünschte Reaktion.)
- *Reagieren:* Jetzt kannst du die von dir gewählte Reaktion zeigen. Solltest du einen Satz gewählt haben, mit dem du reagieren möchtest (»Nein, ich werde heute nicht (wieder) deine Aufgaben übernehmen.«), nutze die fünf Ks der Rhetorik und sage **k**urz,

klar, **k**onkret, **k**onsequent und **k**ontaktbezogen, was du sagen willst. Lasse dich dabei von der Reaktion deines Gegenübers nicht aus der Ruhe bringen, bleibe konsequent bei dir und deiner Wahl. Du kannst dafür die Methode aus der Selbstbehauptung »Schallplatte mit Sprung« nutzen.

EXKURS: »SCHALLPLATTE MIT SPRUNG«

Die »Schallplatte mit Sprung« ist eine Übung aus dem Bereich der Selbstbehauptung. Es geht dabei darum, dass wir konsequent bei uns beziehungsweise der von uns gewählten Reaktion bleiben. Insbesondere, wenn wir uns abgrenzen, ist die Versuchung unseres Gegenübers groß, uns in eine Diskussion zu verwickeln und umzustimmen.

A: »Tut mir leid, ich übernehme deine Aufgaben heute nicht.«

B: »Ja, aber dann nehme ich dir nächstes Mal auch wieder etwas ab.«

A: »Tut mir leid, ich übernehme deine Aufgaben heute nicht.«

B: »Ja, aber ich habe dir doch gestern auch geholfen.«

A: »Tut mir leid, ich übernehme deine Aufgaben heute nicht.«

Wenn wir möglichst exakt dasselbe wiederholen, bleiben wir bei uns, verschwenden keine weitere Energie für neue Überlegungen und die anderen merken: »Mmh, die kann ich heute gar nicht von ihrer Meinung abbringen. Die meint das wohl ernst.«

Vielleicht stimmst du jetzt auch unserer Hypothese zu, dass du jede deiner Reaktionen frei wählen kannst?

UNSERE ERFAHRUNG

Die Auseinandersetzung mit dem Reiz-Reaktions-Modell hat vielen unserer Coachees einen großen Mehrwert gebracht. Es wird oft erstmals deutlich, dass wir immer eine Chance haben, unsere Reaktion frei zu wählen! Für die Selbstwirksamkeit ist dies unendlich wichtig.

Um im Alltag eine Erinnerungshilfe zu haben, die ihnen ermöglicht, in diesen inneren Raum zu gehen, haben einige Coachees ihre eigenen Stoppschilder an den Orten des Geschehens deponiert – mal klein am Bildschirm, mal in Verkehrsschildgröße an der Bürowand. Mein Stoppschild steht aktuell im Badezimmer, wo ich derzeit am meisten Gelassenheit benötige, wenn es um das abendliche Zähneputzen meiner Tochter geht. (DL)

Aktiv selbst die Verantwortung für uns zu übernehmen kostet uns verhältnismäßig wenig Zeit. Es kostet uns vielmehr eine Entscheidung, einen klaren Willen und eine bewusste Reflexion mitten in unserem Alltag. Um uns darin zu erinnern, kann ein Stoppschild oder eine andere Erinnerungshilfe »am Ort des Geschehens« eine tolle Unterstützung sein.

ÜBUNG

DEIN CHECK: RAUM DER GELASSENHEIT

Für diese wiederkehrenden Situationen kann ich den Raum der Gelassenheit (fünf Schritte) gut gebrauchen:

____

____

____

Hier könnte ich ein Stopp-Schild oder eine andere Erinnerungshilfe gut aufstellen:

____

____

____

ICH HABE EINFLUSS! Unsere Energie ist dort, wo unsere Aufmerksamkeit ist. Wir können Verantwortung für die Bereiche unseres Lebens übernehmen, auf die wir Einfluss haben. Die Unveränderlichkeiten außerhalb unserer Reichweite gilt es zu akzeptieren (s. Stufe 2). Wir verbringen Zeit mit den Themen, die uns interessieren und die uns auch betreffen, wie beispielsweise Familie, Gesundheit, Arbeit oder die weltpolitische Lage. Stephen Covey nennt diesen Bereich »Interessens- beziehungsweise Betroffenheitsbereich«, der manchmal als ein Kreis der Sorge bezeichnet wird (Circle of Concern). Im Kontrast dazu haben wir Menschen auch einen »Einflussbereich« (Circle of Influence). Was ich heute tue, esse, denke und wie ich mich kleide, kann ich komplett beeinflussen.

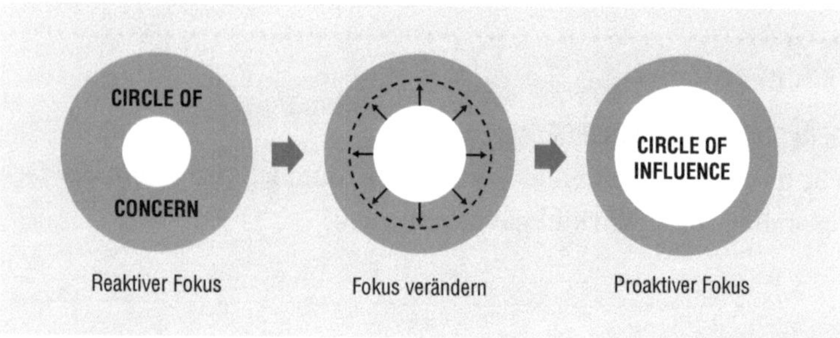

Circle of Influence

Um Selbstverantwortung zu stärken, können wir aus den Gedanken dieses Modells zwei Schritte tun:

- *Reflexion:* Wie viel meiner Zeit und Energie verbringe ich im Circle of Concern (Betroffenheit, Sorgen), wie viel im Circle of Influence (mein Einfluss)?
- *Überlegung:* Welche nicht änderbaren Themen (Betroffenheit, Sorgen) sollten weniger Aufmerksamkeit und welche inneren/eigenen Themen (mein Einfluss) mehr Aufmerksamkeit erhalten?

Ziel ist es, die Verantwortung für alle Angelegenheiten zu übernehmen, auf die wir Einfluss haben und uns primär mit diesen zu beschäftigen.

ÜBUNG

DEIN CHECK: EINFLUSSREICHE GEDANKEN

Wie viel meiner Gedanken verbringe ich

- im Circle of Concern (Interesse, Betroffenheit, Sorgen)
  ____ Prozent am Tag, zum Beispiel mit Gedanken zu
  ____
- und wie viel Prozent im Circle of Influence (mein Einfluss)?
  ____ Prozent am Tag, zum Beispiel mit Gedanken zu
  ____

Diesen nicht änderbaren Themen möchte ich weniger Aufmerksamkeit geben:

____

____

____

Diesen von mir aktiv beeinflussbaren Themen oder Gedanken möchte ich mehr Aufmerksamkeit schenken:

____

____

____

EFFEKTIVITÄTSDIFFERENZ: 5 000 PROZENT. Proaktivität beinhaltet das Bewusstsein, dass

- wir selbst für unser Leben verantwortlich sind,
- sich unser Verhalten von unseren Entscheidungen ableitet (nicht von gegebenen Bedingungen) und
- dass wir unsere Reaktion auf einen Reiz frei wählen können.

Ein proaktiver Mensch hat die Fähigkeit entwickelt, sich nicht von Impulsen (ver-)leiten zu lassen. Vielmehr ist seine Reaktion eine bewusst auf seine Werte und Prinzipien beruhende Wahl. Die Effektivitätsdifferenz zwischen Menschen, die proaktiv, klug, bewusst und feinfühlig die Initiative ergreifen und Menschen, die das nicht tun, liegt bei 5 000 Prozent (Covey 2018, S. 89). Proaktive Menschen sorgen dafür, dass ihr Einflussbereich maximal ist, gestalten diesen aktiv und fühlen sich wirksam. Auch hier brauchen wir zunächst unsere Bewusstheit, um unseren Mustern auf die Schliche zu kommen. Indikator unserer Proaktivität ist unsere Sprache. Reaktive Menschen befreien sich in ihrer Sprache von Verantwortung (»Ich muss das tun.« versus »Ich wähle, das zu tun.«; »Er macht mich wütend.« versus »Ich kontrolliere meine Gefühle beziehungsweise ich entscheide mich für meine Gefühle.«) und suchen die Schuld bei anderen Menschen und Umständen außerhalb ihrer selbst. Die nachfolgende Gegenüberstellung macht dies deutlich (weitere Beispiele dazu findest du auch bei den Übungen).

REAKTIVE UND PROAKTIVE SPRACHE (IN ANLEHNUNG AN: COVEY 2018, S. 92)	
REAKTIVE SPRACHE	PRO-AKTIVE SPRACHE
Er macht mich so wütend. *(Ich bin nicht verantwortlich.)*	Ich werde eine passende Antwort wählen.
So bin ich einfach. *(Es gibt nichts, was ich daran ändern könnte.)*	Ich kann eine gute Präsentation vorlegen.

REAKTIVE UND PROAKTIVE SPRACHE (IN ANLEHNUNG AN: COVEY 2018, S. 92)	
Wenn meine Mitarbeiter nur freundlicher wären. *(Andere Menschen zwingen mich, so zu handeln.)*	Ich kontrolliere meine Gefühle.
Geht nicht. Dafür habe ich keine Zeit. *(Ich bin nicht selbstbestimmt.)*	Lasst uns schauen, welche Alternativen wir haben.

ÜBUNG

DEIN CHECK: PROAKTIVITÄT

Gehe in Gedanken ein paar Menschen in deinem nahen beruflichen und privaten Umfeld durch. Welche Formulierungen sind typisch für sie? Wer nutzt viele reaktive Formulierungen? Wer verwendet vor allem proaktive Formulierungen?

______

______

______

Reflektiere dich selbst. Welche reaktiven und welche proaktiven Gedanken und Formulierungen sind typisch für dich? Wenn du möchtest, gehe den heutigen Tag in Gedanken durch oder beobachte dich für ein bis zwei Tage. Wenn du magst, notiere deine Beobachtungen.

______

______

______

Bei allen Erkenntnissen zur Proaktivität von dir und anderen möchten wir erinnern:

- *Ich habe immer die Wahl.* Da du die volle Verantwortung für dein Leben hast, bist du dein erster eigener Gestalter, die erste eigene Gestalterin. Und in jedem einzelnen Augenblick kannst du die Regie deines Lebens übernehmen, sodass du *immer* frei wählen kannst.
- *Ich bin wirksam!* Dadurch, dass wir bewusst Verantwortung übernehmen und eigene Entscheidungen treffen, steigt unsere Selbstachtung. Wir haben einen schnelleren Zugang zu unseren inneren Ressourcen und erleben, dass wir unsere selbst definierten Ziele erreichen können. Dies gilt es sowohl im Coaching als auch für uns selbst deutlich sichtbar zu machen und nicht als selbstverständlich hinzunehmen. Denn genau hier liegen die Quellen für wachsendes Selbstvertrauen, das Gefühl der Selbstwirksamkeit und der Stärkung unseres Selbstwerts verborgen.

UNSERE ERFAHRUNG

Vielfach erleben wir bei unseren Coachees und auch bei uns selbst, dass wir schnelle Ergebnisse und ein Gefühl von »Heute haben wir viel geschafft und ein Ergebnis produziert!« mögen. Als Prozessbegleiterinnen sehen wir es jedoch als unsere Aufgabe an, Raum für die Reflexion des Prozesses zu geben und Ressourcen sichtbar zu machen: Inwiefern haben meine Coachees es geschafft, neu oder verstärkt Verantwortung für ihre Wünsche und Bedürfnisse zu übernehmen? Warum sind sie wirksam gewesen bezüglich dessen, was sie sich vorgenommen haben? Durch welche Erfahrungen wissen sie, dass sie sich selbst vertrauen können? Neben dem Erfolg, ein Ziel X erreicht zu haben, ist die bewusste Einzahlung in Selbstwirksamkeit und -wert eine lebenslang nachhaltige Investition.

Wie viele andere Dinge auch, können wir dies trainieren. Je häufiger wir uns mit unserer eigenen Proaktivität auseinandersetzen, umso selbstverständlicher wird diese Art zu denken für uns. In unserer

Arbeit als Coach zahlt sich unsere Leichtfüßigkeit diesbezüglich eins zu eins für unsere Coachees aus – ein Grund mehr, dass wir an uns arbeiten …

ÜBUNG

DEIN CHECK: SELBSTVERANTWORTUNG FÜR DICH TO GO

Unsere Kernpunkte:

- Mit den richtigen Werkzeugen haben wir die Freiheit, unsere Reaktion frei zu wählen (Reiz-Reaktions-Modell) und uns jederzeit in unseren inneren »Raum der Gelassenheit« zu begeben (fünf Schritte).
- Wir können unseren Einflussbereich aktiv vergrößern (Circle of Influence).
- Durch die Stärkung unserer Proaktivität können wir unser Leben nach unseren Vorstellungen maximal effektiv steuern.

Kernsätze – Soulfood:

- Ich habe immer eine Wahl!
- Ich entscheide!
- Ich bin frei!

Deine Punkte:

____

____

____

Natürlich teilen wir auch in diesem Kapitel sehr gern Gedankenfutter mit dir, was uns mit unterschiedlichsten Impulsen genährt hat.

FOOD FOR THOUGHT

- Covey, S. R. (2018): Die 7 Wege zur Effektivität. 58. Auflage. Offenbach: Gabal.
  Eines unserer erkenntnisreichsten Bücher zu Proaktivität, Selbstführung, Beziehung, Führung und Verantwortung.
- Sprenger, R. (2015): Das Prinzip Selbstverantwortung. Wege zur Motivation. 13. Auflage. Frankfurt am Main: Campus.
  Nach diesem Buch ist klar, was wir zu tun haben: losgehen.
- Wittgenstein, Ludwig (1963). Tractatus logico-philosophicus. Logisch-philosophische Abhandlung. Frankfurt am Main: Edition Suhrkamp.

Übungen Stufe 3: Selbstverantwortung

Die Übungen für die dritte Stufe »Selbstverantwortung« sind:

- E oder I? *
- Ich habe immer eine Wahl!
- 5 000 Prozent *
- Schluss mit »muss«! *

Hier im Buch sind diejenigen, die mit Sternchen * gekennzeichnet sind. Alle Übungen zum Ausdrucken und Bearbeiten erhältst bei den Online-Materialien.

ÜBUNG STUFE 3: E ODER I?

In seinem Buch »Die 7 Wege zur Effektivität« (2018), in dem Prinzipien für persönlichen und beruflichen Erfolg im Mittelpunkt stehen, geht Stephen Covey der Frage nach, wofür wir unsere Zeit ausgeben und worauf wir unsere Energie fokussieren. Covey beschreibt das Konstrukt der Proaktivität mithilfe zweier unterschiedlicher Bereiche:

- *Circle of Concern = Interessenbereich (I):* Alle Themen, die in diesen Bereich fallen, sind von großem Interesse für uns. Sie können von Weltpolitik über Klimawandel, Literatur und Sport bis hin zu privaten Themen wie Kinder, Ehe und Freunde reichen. Zweierlei haben sie gemeinsam: Sie berühren uns emotional und mental. Allerdings haben wir über einige Themen keinerlei Kontrolle.

Im Schaubild wird dieser Bereich symbolisiert durch den großen Kreis.

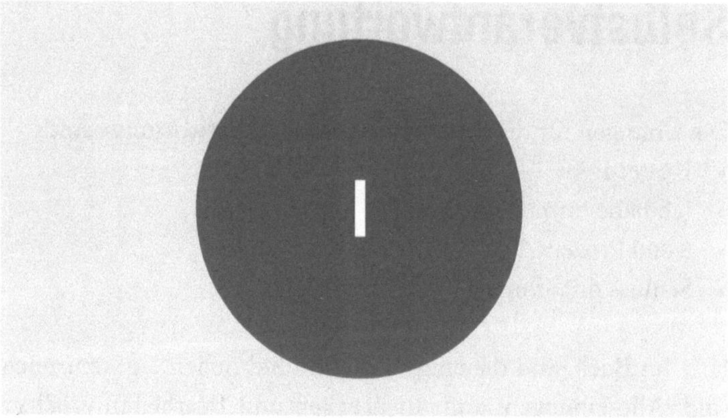

- *Circle of Influence = Einflussbereich (E):* Unser Einflussbereich (in der Abbildung ist das der innere Kreis) ist der Teil unseres Interessenbereichs, den wir selbst direkt durch unser Denken, Fühlen und Verhalten beeinflussen können. Wir haben darauf zu 100 Prozent Einfluss.
  Proaktive Menschen konzentrieren sich auf E!

Wenn du die Verantwortung für dich selbst übernimmst, dann gibst du deine Zeit und deine Energie, aber auch deine Liebe und deine Kraft für E (den Einflussbereich). Je mehr du dich auf deinen Einflussbereich konzentrierst, desto größer wird er werden.

Daher frage dich: Wofür gibst du deine Energie, Liebe, Kraft und Zeit? E oder I? Denke daran: Du allein entscheidest das!

Notiere nun bitte in der nachstehenden Tabelle,

- worüber du dich oft ärgerst,
- was dich stresst und
- was dich manchmal nicht schlafen lässt.

Danach frage dich, ob das ein Thema aus deinem Einflussbereich (E) oder deinem Interessenbereich (I) ist und kreuze den zutreffenden Bereich an.

Ich ärgere mich oft über …	**E**	**I**
Mich stresst …	**E**	**I**
Manchmal kann ich nicht schlafen, weil …	**E**	**I**

Wenn ich mir das Ergebnis anschaue, dann habe ich _____ mal E und _____ mal I.

Meine Gedanken dazu sind:

Wenn ich in Zukunft meinen Fokus auf meinen Einflussbereich richte, dann wäre das:

Damit ich in Zukunft weniger Fokus auf meinen Interessenbereich lege, werde ich

Das hätte den Vorteil, dass ich

Der positive Effekt dieser Übung für mich ist

___

___

___

___

Damit ich mich in Zukunft daran erinnere, werde ich

___

___

___

___

Als »Soulfood« kannst du deinen Klientinnen und Klienten die folgenden Sätze an die Hand geben.

SOULFOOD

- Ich investiere meine gute Energie, Kraft, Liebe und Zeit in E!
- Weil ich proaktiv bin, konzentriere ich mich auf E!
- Ich weiß, dass ich meinen Einflussbereich vergrößern und ausbauen kann.
- Ich werde nicht reaktiv sein und meine gute Energie, meine kostbare Kraft, meine besondere Liebe und meine wertvolle Zeit für Themen ver(sch)wenden, auf die ich keinen Einfluss habe.
- Mein Ziel ist es, die Verantwortung für alle Angelegenheiten zu übernehmen, auf die ich Einfluss habe.
- Ich möchte mich primär mit diesen beschäftigen.
- Ich genieße es, proaktiv zu sein!

ÜBUNG STUFE 3: 5 000 PROZENT

»Wir sind nicht nur verantwortlich für das, was wir tun, sondern auch für das, was wir nicht tun«, stellte schon Molière fest. Und wir können hinzufügen: Proaktive Menschen sind in ihrem Leben bis zu 5 000 Prozent effektiver als reaktive.

Inwiefern stimme ich dem Gedanken von Molière zu?

Inwiefern glaube ich, dass der Unterschied zwischen proaktiven und aktiven Menschen wirklich 5 000 Prozent beträgt?

Wenn ich zu 100 Prozent proaktiv wäre, dann

Wenn ich es als Chance betrachte, proaktiv zu denken, zu fühlen und zu handeln, dann

---

Wenn ich ein inneres Ja dazu habe, dass ich *immer* meine Reaktion wählen kann, dann

---

Ich möchte dafür Sorge tragen, dass mein Einflussbereich maximal ist, damit

---

Wenn ich nicht mehr so viel Energie, Kraft, Liebe und Zeit in meinen Interessenbereich stecken würde, dann

---

ÜBUNG STUFE 3: SCHLUSS MIT »MUSS«!

Eine Besonderheit ist mit dem Wort »muss« verknüpft. Überprüfe einmal die Wirkung der beiden folgenden Varianten.

ICH MUSS …	ICH MÖCHTE …
Oh nee, ich muss unbedingt noch die Garage aufräumen. Tja, das ist mal wieder typisch für mich, dass ich das alles immer solange aufschiebe, bis ich wieder unter Druck gerate. Selbst schuld!	Heute ist ein guter Garagentag. Ich mache mich da jetzt mal dran, damit ich einen Überblick habe. Ich werde mich so gut fühlen. Zur Belohnung treffe ich mich mit meiner Freundin zum Spaziergang. – Ich freue mich jetzt schon darauf!
Wirkung der reaktiven Gedanken • Druck • Selbstabwertung • Schuldgefühl	Wirkung der proaktiven Gedanken • Motivation dank der freien Wahl • Selbstwertgefühl ↗ • Vorfreude

Probiere die positive Wirkung proaktiver Gedanken aktiv aus und spüre den wohltuenden Unterschied zwischen den unterschiedlichen Arten zu denken.

- Trage in die linke Spalte der Tabelle eine Aufgabe ein, die du machen »musst«.
- Notiere darunter, welche Wirkung das auf dich hat.
- Verwandle die Aufgabe im reaktiven Gedankenmuster in einen proaktiven Gedanken.
- Notiere darunter, welche Wirkung das auf dich hat.
- Schreibe nach diesem Muster noch weitere Aufgaben auf, die dir Druck machen und verfahre mit jeder so.

ICH MUSS …	ICH MÖCHTE …
______________________ ______________________ ______________________	______________________ ______________________ ______________________
Wirkung der reaktiven Gedanken • ______________________ • ______________________ • ______________________	Wirkung der proaktiven Gedanken • ______________________ • ______________________ • ______________________

Auch dazu gibt es wieder »Soulfood« für deine Klientinnen und Klienten.

SOULFOOD

Ich mache Schluss mit »muss«!

Ich muss gar nichts – ich kann, wenn ich möchte!

Ich bin so frei, wie ich es mir erlaube!

Ich möchte mich motivieren und mich gut mit mir fühlen!

Wenn ich meine Aufgaben proaktiv formuliere, dann

____

____

____

Stufe 4: Selbstmanagement

AUF EINEN BLICK

»Wenn du dich nicht führst, führt dich ein anderer.« – Diesen Grundsatz sollten wir im Blick haben.

Das Selbstmanagement ist das vielleicht größte Handlungsfeld für gelebte Resilienz. Wir arbeiten im Coaching immer wieder darauf hin, dass unsere Coachees die erarbeiteten Ziele und Ressourcen in ihrem Leben eigenverantwortlich zum Einsatz bringen können. Selbstverständlich benötigen sie dafür die Bewusstheit der Stufe 1, die Akzeptanz der Stufe 2 und die proaktive Haltung der Stufe 3, um eigene Reaktionen und Ziele im selbst definierten Einflussbereich effektiv steuern zu können. Die eigentliche Arbeit erfolgt jedoch *nach* dem Coaching. Die zielorientierte Veränderung tief angelegter Gewohnheiten auf dem Weg zu mehr Resilienz bedingt Motivation und Selbstführung. Dies gilt es im Coaching maximal vorzubereiten, um unseren Coachees alle Werkzeuge in die Hand zu geben, sich nach ihrer Definition von Erfolg »erfolgreich« selbst zu managen.

THEORETISCHER INPUT

Selbstmanagement ist eine Lebensaufgabe. Um mit dem »Management« zu starten, ist es zunächst wichtig, einmal zu wissen, was dieses »Selbst« denn beinhaltet. Die Frage lautet also: Was soll ich da managen? Dabei hat das Selbst zwei Komponenten:

- *Das Selbstkonzept:* Das ist das kognitive Wissen über die eigene Person: Eigenschaften, Fähigkeiten, Werte, Motive, Ziele …
- *Das Selbstwertgefühl:* Das ist die emotionale (Be-)Wertung und Wertschätzung der eigenen Person.

Im Rahmen unseres Selbstmanagements haben wir die Aufgabe, uns selbst zu steuern, zu kontrollieren, zu regulieren und unsere verschiedenen Lebensinhalte zu organisieren – keine Kleinigkeit. Um dies alles zu bewältigen, sind Voraussetzungen zu erfüllen, die den Erfolg unseres Selbstmanagements bedingen und sich den zwei Komponenten des Selbst anschließen:

- Ich kenne mich. (Bewusstheit im Jetzt und eindeutige Ausrichtung bezüglich Werten, Zielen, Sinn ...)
- Ich mag mich. (Gefühl, es wert zu sein, an und mit mir selbst zu arbeiten.)

Wenngleich unser Selbstkonzept und unser Selbstwertgefühl unabdingbar miteinander verknüpft sind, werden wir mit dir zuerst auf das Selbstwertgefühl schauen und dann auf Inhalte und Arbeit mit dem Selbstkonzept eingehen.

DAS SELBSTWERTGEFÜHL

ICH BIN ES WERT! Unser Selbstwert bedingt, dass wir uns selbst für wichtig genug erachten, für uns zu sorgen und einzustehen. In der Psychologie bezeichnet Selbstwert zunächst die Bewertung, die wir von uns selbst vorgenommen haben und somit eine grundlegende Einstellung der eigenen Person (Zimbardo/Gerrig 2004). Der Selbstwert beinhaltet zudem unsere Erfahrung, dass wir dem Leben gewachsen sind. Idealerweise erlangen wir dadurch das Vertrauen, mit allen Herausforderungen umgehen zu können und gut für das eigene Wohlbefinden und unser Glück Sorge tragen zu können.

Es gibt drei Quellen, aus denen Menschen Informationen zu sich selbst erlangen, die sich auf ihre Selbstwertschätzung auswirken:

- Selbstbeobachtung
- sozialer Vergleich
- Rückmeldungen

Die Quelle der Selbstbeobachtung ist vollumfänglich im eigenen Einflussbereich und somit jederzeit abrufbar. Diese Fähigkeit, sich selbst zu beobachten, ohne sich dabei negativ zu bewerten(!), können wir im Coaching immer wieder fördern. Dabei sollten wir sehr aufmerksam zuhören, inwiefern unsere Coachees in der Lage sind, eine neutrale Beobachtung ihres eigenen Selbst zu schildern. Gewohnheitsbedingt schleichen sich sehr schnell Bewertungen ein (»… aber das war auch echt blöd von mir …«). Bezüglich der Quelle des sozialen Vergleichs ist es interessant, mit wem sich unsere Coachees vergleichen, warum und ob dies förderlich oder hinderlich für die Bewertung des Selbst ist. Die Quelle der Rückmeldungen schließlich bindet auch uns als Coaches ein. Natürlich können wir unsere Coachees aktivieren, sich selbst zu loben und positive Rückmeldungen zu geben, was alles erreicht wurde. Im idealen Fall einer vertrauensvollen und wertschätzenden Beziehung zum Coach mögen die Coachees jedoch auch die Rückmeldungen, was wir als Coaches wahrnehmen und welche besonderen Stärken wir sehen.

UNSERE ERFAHRUNG: FEEDBACK ERWÜNSCHT

Oft fragen unsere Coachees uns um unsere Meinung, aber auch nach Feedback zu Verhaltensweisen und der eigenen Wirkung. Für uns ist es dabei wichtig, den Coachees unsere Beobachtungen möglichst bewertungsfrei anzubieten: »Ich nehme dauerhaften Blickkontakt wahr.«, »Ich höre viele Gedanken auf einmal.«. Insbesondere für den Spiegel »Wie wirke ich eigentlich?« darf Coaching Raum geben.

Darüber hinaus schenken wir häufig ungefragt am Ende einer Sitzung positive Rückmeldungen, wie wir die Coachees im Prozess heute erlebt haben, wo er oder sie aus unserer Sicht entscheidende Schritte gemacht hat und bieten Zuspruch, Mut und Hoffnung als optionale Geschenke »to go« an.

Für die aktive Arbeit an unserer Resilienz ist die Stärkung des Selbstwerts im Coaching eine wesentliche und dauerhafte Aufgabe. Dazu gehört die Verstärkung, sich selbst und das Geleistete proaktiv positiv zu bewerten.

ÜBUNG

DEIN CHECK: SELBSTWERT NÄHREN

Die Arbeit mit unserem Selbstwert ist eine lebenslange Aufgabe. Vielleicht hast du Lust zu reflektieren, wie du die drei Quellen der Selbstwertschätzung für dich selbst nutzt oder künftig noch intensiver nutzen willst.

Erste Quelle »Selbstbeobachtung«: Denke an den gestrigen Tag und beantworte dir die Fragen: Worauf bin ich richtig stolz? Was habe ich gut gemacht?

____

____

____

Zweite Quelle »sozialer Vergleich«: Mit wem vergleiche ich mich bewusst und unbewusst? Wer sind meine Vorbilder? Aufgrund welcher Haltungen und Verhaltensweisen sind sie das?

____

____

____

Welche dieser Vergleiche tun mir gut? Welche nicht?

Dritte Quelle »Rückmeldungen«: Welche Rückmeldungen welcher Personen sind wichtig für mich?

Bezüglich welcher Themen könnte ich mir von welchen Personen proaktiv weitere Rückmeldungen einholen, die mir guttun?

DAS SELBSTKONZEPT

WOZU DENN EIGENTLICH? Versuchen wir im Rahmen des Selbstmanagements unsere täglichen Aufgaben in eine Struktur zu gießen, verpassen wir etwas. Bei allen Tätigkeiten und »To-dos« vergessen wir häufig etwas Entscheidendes, nämlich die Antwort auf die Frage nach dem Warum? Wie wichtig das ist, drückt auch der Satz von Viktor Frankl aus: »Wer ein Warum zu leben hat, erträgt fast jedes Wie« (Frankl 2017).

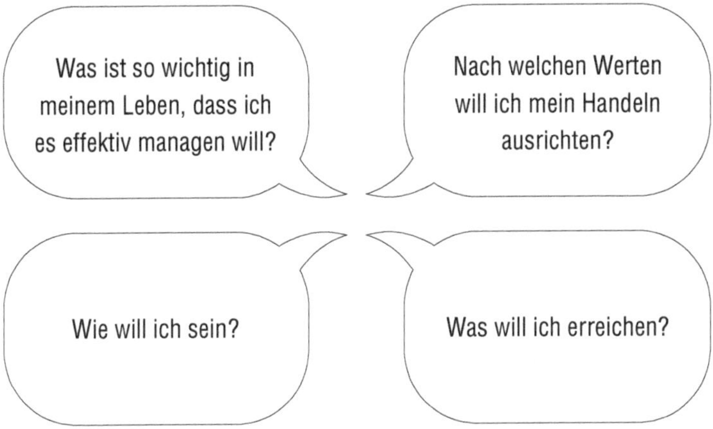

Häufig bekommen wir erst viel später mit, dass wir aufgrund von fremden Erwartungen handeln, dass wir Spielball äußerer Einflüsse sind und somit ein Resultat äußerer Bedingungen, fremder Terminkalender oder früherer Prinzipien. Ein solches Verhalten erkennen wir von außen viel schneller als von innen. Es ist geprägt von unserer Abhängigkeit von anderen und unseren Bedürfnissen nach Anerkennung, Bedeutung und Zugehörigkeit. Selbstmanagement heißt jedoch, jeden Tag einen Beitrag zur Vision zu leisten, die jede und jeder selbst vom Leben hat. Stephen Covey plädiert in seinem Bestseller »Die 7 Wege zur Effektivität. Prinzipien für persönlichen und beruflichen Erfolg« (2018), dass wir dafür schon am Anfang unseres Lebens das Ende im Sinn haben sollten. Dies beruht auf dem Gesetz der zwei Phasen des Schaffens:

- einer ersten mentalen Phase, in der wir planen, und
- einer zweiten physischen Phase, in der wir handeln.

Wenn wir uns effektiv selbst managen, übernehmen wir Verantwortung für beide Phasen und schöpfen unseren Einflussbereich voll aus.

MENTALE PHASE: MEIN SELBSTKONZEPT PLANEN. Eine konkrete Möglichkeit, wie wir schon am Anfang das Ende in den Blick nehmen können, ist, ein persönliches Leitbild zu entwickeln. Für nahezu jedes Unternehmen ist dies ein Selbstverständnis. Warum nicht auch für uns und unser Leben? In einem Leitbild für uns persönlich können wir ebenso unsere ureigene Vision vom Leben wie unsere Werte und Ziele zum Ausdruck bringen. Hilfreich kann dabei die Bearbeitung folgender Fragen sein (Covey 2018):

- Was will ich sein? (mein Charakter, Eigenschaften, Rollen)
- Was will ich tun? (meine Leistungen und Beiträge)
- Auf welchen Werten und Prinzipien soll mein Sein und Tun beruhen?

KONKRETE ANWENDUNG DES MODELLS IM COACHING

Um ein solches Leitbild zu erstellen, kannst du mit deinen Coachees die genannten Fragen auf dem Weg zu einem klaren Selbstkonzept bearbeiten. Alternativ (oder zusätzlich) kannst du anhand der verschiedenen Rollen, die deine Coachees im Leben haben (Partnerin, Mutter, Tochter, Freundin, Führungskraft, Vater, Sohn, Lehrer, Freund, Patenonkel …) erarbeiten, welche Ziele beziehungsweise Ergebnisse sie beziehungsweise er in der jeweiligen Rolle erreichen möchte. Visualisiert das auch! Du kannst anregen, dass deine Coachees Bilder, Anekdoten, Geschichten, Gedichte sammeln, die für sie wichtig sind. Weitere Möglichkeiten findest du natürlich bei den praktischen Übungen zu dieser Stufe.

Wir haben die Erfahrung gemacht, dass für die Bearbeitung der Themen Selbstkonzept und Leitbild sich auch die sieben logischen Ebenen (s. S. 75) aus der ersten Stufe »Selbstbewusstheit« eignen. Dies kann ein guter Einstieg sein.

Die Chance eines eigenen Leitbilds liegt darin, dass wir ein Konzept haben, nach dem wir uns wie an einem inneren Kompass ausrichten und an dem wir uns beziehungsweise unseren Erfolg messen können (gut für unseren Selbstwert!). Menschen, die ihren Richtungssinn und ihren unverwechselbaren Kern gefunden haben, haben sich dadurch bereits ein starkes Fundament für ihre Resilienz erarbeitet.

ÜBUNG

DEIN CHECK: SELBSTKONZEPT

Lasse die drei Leitfragen noch einmal nachwirken.

- Was will ich sein? (Charakter, Eigenschaften, Rollen)
- Was will ich tun? (Leistungen und Beiträge)
- Auf welchen Werten und Prinzipien soll mein Sein und Tun beruhen?

Wie klar bin ich mit meinem Selbstkonzept? Welche Frage habe ich schon beantwortet? Welche möchte ich weiterbearbeiten?

Was ist meine persönliche Definition von Erfolg?

PHYSISCHE PHASE: MEIN SELBSTKONZEPT LEBEN. Manchmal fällt es uns leichter, Verpflichtungen anderen Menschen gegenüber einzuhalten, als die, die wir uns selbst gegeben haben (»Ach, ich kann auch morgen zum Sport gehen.«, »Na ja, Marie hat mich gebraucht, also habe ich halt keine Pause gemacht.«).

Einen entscheidenden Wendepunkt in unserem Selbstmanagement haben wir dann erreicht, wenn wir die Verpflichtungen, die wir uns selbst gegenüber gegeben haben, als genauso wichtig erachten und dafür einstehen, wie die anderen Menschen gegenüber.

Wenn wir ein Leitbild haben, das in der Schublade liegt, ist niemandem damit geholfen. Wir müssen es leben! Du kannst dir also selbst sagen: »Es geht *jetzt* und *jeden* Tag um einen Beitrag für das, was ich mir zugesagt habe!« Um das zu schaffen, können folgende Schritte hilfreich sein:

- *Schritt 1: Ich sehe mir mein Leitbild jeden Tag an.* Warte nicht, bis dein Konzept fertig ist. Vielleicht ist es dauerhaft in Wandlung. Deine heute aktuellen Werte, Ziele und Glaubenssätze solltest du so aufhängen, dass du auch im unbewussten Zustand (in dem wir uns fast immer befinden) täglich darüber »stolperst«. So aktivierst du dein Ressourcennetzwerk, ohne es zu merken. Wenn du dir deine Sätze, Werte oder Mantras zusätzlich laut oder leise vorsagst, hast du eine weitere Erinnerungshilfe und bist mitten im Veränderungsmodus (Neuroplastizität).

UNSERE ERFAHRUNG: LEITBILDER SICHTBAR MACHEN

Beliebte Orte unserer Coachees für ihre Selbstkonzepte und -entwürfe oder Werte sind das Badezimmer, der Kühlschrank, eine Pinnwand über dem Sofa oder Klebezettel im Auto – der Fantasie sind keine Grenzen gesetzt, Hauptsache, sie sind *täglich* richtig gut sichtbar. Meine Glaubenssätze und mein aktueller Leitbildentwurf hängen an einer Pinnwand im Gästezimmer. Dort mache ich jeden Morgen eine kurze Meditation und beziehe meine Glaubenssätze und Werte mit ein (DL).

- *Schritt 2: Ich unterscheide zwischen wichtig und dringlich.* Die Definition von »wichtig« lautet ab heute: »Wichtig ist alles, was auf mein Selbstkonzept einzahlt!« Vermeintliche Dringlichkeit, die uns häufig den Tag raubt, beruht oft auf den Prioritäten und Erwartungen anderer. Wenn du dir *deine* Wichtigkeiten wie große Steine vorstellst, die in ein Glas kommen (das Glas symbolisiert deine Zeit pro Tag) und die kleinen Dringlichkeiten eine Menge Kieselsteine sind, ist das Entscheidende die Reihenfolge des Einfüllens: Zuerst müssen deine großen Steine in dein Glas beziehungsweise in deine Woche gelegt werden. *Danach* kann es mit den kleinen Kieselsteinen der täglichen Dringlichkeiten gefüllt werden – sofern noch Platz ist. Dies kannst du im Coaching auch praktisch visualisieren und die Steine mit wichtigen Werten oder Zielen beschriften.

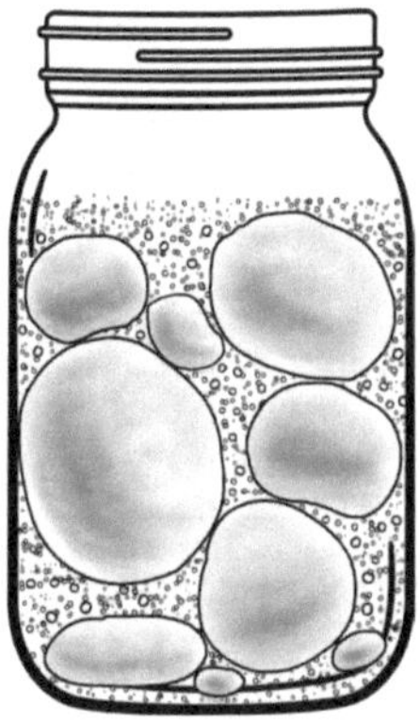

Wichtig und dringlich – die großen Steine zuerst

- *Schritt 3: Nutze einen Wochenplan.* Wie die Steine im Glas kannst du in einem Wochenplan *zuerst* deine zu deinen wichtigsten Rollen gehörenden Ziele eintragen und was du in dieser Woche konkret dafür machen willst. Wenn dir zum Beispiel wichtig ist, eine Mama mit echter Zeit zu sein, trage dir als »großen Stein« ein Zeitfenster am Mittwochnachmittag dafür ein …
- *Schritt 4: Übe dich in Abgrenzung, im Nein- und im Stopp-Sagen.* Abgrenzung fällt häufig schwer, weil wir damit nicht immer sozial erwünscht agieren und Angst haben, Menschen vor den Kopf zu stoßen (und vielleicht dann auch mit Missachtung gestraft zu werden). Dabei ist es um ein Vielfaches leichter, ein klares Nein zu sagen, wenn ein großes, tieferes Ja in Form der Inhalte deines

Selbstkonzepts lodert. Denn dann weißt du, was für dich wirklich wichtig ist! (P.S.: Ausführliches zu Abgrenzung findest du im theoretischen Teil der Stufe »Coping«.)

ÜBUNG

DEIN CHECK: NEIN – JA

Mache spontan eine Liste deiner Grenzen! Schreib alles auf, was dir einfällt. Vielleicht magst du sie erneut anschauen, wenn du dich in Stufe 6 mit Coping und Distanzierungsfähigkeit beschäftigst.

ICH SAGE »NEIN« ZU	ICH SAGE »JA« ZU

- *Schritt 5: Aktiviere alle deine Ressourcen.* Wir verfügen über viel mehr Ressourcen als wir glauben. Die Ressourcenaktivierung ist eine der wesentlichsten und dauerhaftesten Aufgaben im Coaching! Wir haben uns bereits auf Stufe 2 damit befasst und gehen vertiefend noch einmal auf der Stufe 6 darauf ein.

Nur wenn wir jeden Tag unser Bestes geben, einen Beitrag zu unserer Vision zu leisten, können wir am Ende unseres Lebens sicher sein, unsere Träume auch wirklich gelebt zu haben.

ÜBUNG

DEIN CHECK: SELBSTMANAGEMENT FÜR DICH TO GO

Unsere Kernpunkte:

- Unser Selbstmanagement umfasst die beiden großen Anteile Selbstkonzept und Selbstwertgefühl.

- Insbesondere durch Selbstbeobachtung, sozialen Vergleich und Rückmeldungen können wir unser Selbstwertgefühl aktiv nähren.
- Für unser Selbstkonzept sollten wir in einer ersten mentalen Phase die eigenen Ziele, Werte, Rollen, Beiträge et cetera definieren. Diese können in einem Leitbild visualisiert werden.
- Um das eigene Leitbild im Alltag zu leben, sollten wir unser Leitbild täglich sehen und unsere wichtigsten Anteile fest in unseren Wochenplan eintragen. Dazu gehört auch die Abgrenzung von weniger wichtigen (oft äußeren) Anforderungen oder Erwartungen.

Kernsätze – Soulfood:

- Ich sage Ja zu mir und meinem Leben!
- Ich kenne mich!
- Ich mag mich!
- Ich liebe mich!

Deine Punkte:

____

____

____

Selbstmanagement umfasst unendlich viele Facetten. Wir haben hier ausschließlich die für Resilienz-Coachings wichtigsten Hintergründe zusammengefasst. Weiteres Gedankenfutter haben wir hier für dich zusammengefasst:

FOOD FOR THOUGHT

- Corssen, J./Ehrenschwendner, S. (2020): Lieben. Warum das größte aller Gefühle in Wahrheit eine Haltung ist. München: Kailash.
  Ein wunderschönes, locker geschriebenes, daher gut lesbares Buch (Ich habe es an einem Sommernachmittag in Frankreich verschlungen, DL), welches mit Leichtigkeit zeigt, wie wir uns, das Leben und andere sanft und klar zugleich lieben können.
- Stahl, S. (2017): Jeder ist beziehungsfähig. Der goldene Weg zwischen Freiheit und Nähe. München: Kailash.
  Stefanie Stahl ist zum Klassiker geworden. Ob es die Arbeit mit dem inneren Kind oder dieses Buch ist. Es sind eindeutige Anleitungen, in unsere Geschichte zu schauen und unseren Selbstwert zu stärken.
- Zebian, N. (2021): Welcome Home. Dein inneres Zuhause. München: Lotos.
  Eine Gebrauchsanweisung für unsere inneren Räume auf dem Weg, liebevoll, achtsam und bewusst mit sich selbst umzugehen.

Übungen Stufe 4: Selbstmanagement

Die Übungen für die vierte Stufe »Selbstmanagement« sind:

- Die Sache mit dem 50-Dollar-Schein *
- Meine Rollen
- Sieben an der Zahl *
- Leitbild 1 *
- Leitbild 2 *
- Mein Wochenplan *

Hier im Buch sind diejenigen, die mit Sternchen * gekennzeichnet sind. Alle Übungen zum Ausdrucken und Bearbeiten erhältst bei den Online-Materialien.

ÜBUNG STUFE 4: DIE SACHE MIT DEM 50-DOLLAR-SCHEIN

Ein gutes Selbstwertgefühl resultiert aus der Tatsache, dass wir uns selbst akzeptieren. Wenn wir uns selbst akzeptieren, können wir innerlich Ja zu uns sagen, was unser Selbstwertgefühl positiv beeinflusst.

Menschen mit einem guten Selbstwertgefühl verfügen über mehr Selbstvertrauen, weil sie fühlen, dass sie sich vertrauen können. Dadurch können wir uns weiter akzeptieren und setzen dadurch eine positive Aufwärtsspirale in Gang. Aus uns selbst heraus!

Lies die Geschichte auf der folgenden Seite in aller Ruhe durch und lasse sie auf dich wirken. Diese Geschichte ist eine unserer Lieblingsgeschichten. Anschließend beantworte die Fragen und notiere dir deine Gedanken.

DIE GESCHICHTE VOM 50-DOLLAR-SCHEIN

Eines Tages hielt ein Professor in einer seiner Vorlesungen einen nagelneuen 50-Dollar-Schein hoch und fragte seine Studenten, wer von ihnen diesen Schein haben wolle. Alle meldeten sich. Daraufhin faltete der Professor den Schein, hielt ihn hoch und stellte erneut die Frage, wer den Schein haben wolle. Alle meldeten sich. Der Professor nahm nun den Schein, warf ihn auf den Boden und trat darauf herum. Er hob dann den Schein auf, hielt ihn in die Luft und fragte abermals, wer den Schein nun noch haben wolle. Wieder meldeten sich alle. Dann schüttete der Professor Dreck auf den Boden, nahm den Schein und zog ihn einmal dadurch – ein letztes Mal hob er den Schein, der nun nicht mehr neu und schön aussah, hoch und fragte seine Studenten, wer den Schein nun noch haben wolle. Wieder gingen alle Finger in die Höhe.

Daraufhin sagte der Professor: »Sehen Sie, was auch immer ich mit dem Schein gemacht habe, er hat seinen Wert nicht verloren und Sie haben das erkannt. Und so wie mit dem Schein ist das auch mit Ihrem Selbstwert! Mit dem Selbstwert jedes Einzelnen von Ihnen, die Sie hier sitzen: Egal, ob jemand Sie zusammenfaltet, auf Ihnen herumtritt oder Sie gar durch den Dreck zieht – Sie haben immer den gleichen Wert! Sie sind immer gleich wertvoll, unabhängig davon, was andere mit Ihnen machen.«

(Aus: Engelmann 2019, S. 16)

Was denke ich über diese Geschichte?

____

____

Inwiefern hat sie mich angesprochen?

____

____

Was genau gefällt mir an der Geschichte?

____

____

Stimme ich dem Professor zu?

____

____

Was denke ich allgemein über das Selbstwertgefühl?

____

____

Was denke ich über mein Selbstwertgefühl?

____

____

Woraus speist sich mein Selbstwertgefühl?

____

____

Was könnte ich aus dieser Geschichte für mich in Bezug auf mein Selbstwertgefühl mitnehmen?

____

____

Inwiefern ermutigt mich diese Geschichte?

UNSERE ERFAHRUNG: SELBSTWERT RAHMEN

Bitte deine Klientinnen und Klienten vor der Übung um einen Geldschein. Nach der Übung kannst du ihnen vorschlagen, eben diesen Geldschein in einem Bilderrahmen aufzuhängen mit einem selbstwertdienlichen Satz dazu. So können sich deine Klientinnen und Klient im wahrsten Sinne des Wortes den eigenen Selbstwert immer wieder vor Augen führen.

Wir haben exzellente Erfahrungen damit gemacht und zählen diese Übung zu unseren Herzensübungen. Anfangs haben wir uns gefragt, inwieweit wir es fragwürdig finden, Selbstwert mit Geld zu verknüpfen, aber die Erfahrung hat gezeigt, dass das mit dem Geld jedem einleuchtet – und das ist genau das, worum es geht.

ÜBUNG STUFE 4: SIEBEN AN DER ZAHL

Zähle einmal die Rollen, die du bei der Übung »Meine Rollen« (s. Online-Materialien) aufgeschrieben hast. Identitätsforscher sind der Auffassung, dass wir gut daran tun, nicht mehr als sieben Rollen zu haben. Schaue einmal, ob du einige Rollen zusammenfassen kannst wie zum Beispiel Tante, Cousine, Nichte, Schwester, die du unter Familienmitglieder zusammenfassen kannst. Die Rolle Mutter und Tochter könnten auch dazu zählen, vielleicht sind sie für dich aber so besonders, dass du sie extra stehen lassen möchtest. It's up to you.

Trage nun deine einzelnen Rollen hier ein und die damit verbundenen Erwartungen – und zwar deine eigenen und die »der anderen«! Frage dich abschließend, welche (oder wessen) Erwartungen du erfüllen möchtest.

Meine Rolle	**Meine Erwartungen daran**	**Die Erwartungen der »anderen«**	Möchte ich diese Erwartungen erfüllen?	
			ja	nein

ÜBUNG STUFE 4: LEITBILD 1

Dein persönliches Leitbild ist ein Grundpfeiler eines guten Selbstmanagements. Stelle dir die drei entscheidenden Fragen, damit du deine eigene Vision und Werte für dein Leitbild entwickelst.

Was will ich sein? (Charakter, Eigenschaften, Stärken, Rollen)

____

____

Was will ich tun? (Leistungen, Ziele)

____

____

Welche Werte sollen mein Sein und Tun leiten?

____

____

ÜBUNG STUFE 4: LEITBILD 2

ANREGUNG FÜR DICH: EIN GUTES GEFÜHL FÜR MICH

Damit deine Coachees ein gutes Gefühl für sich und ihr Leitbild entwickeln können, ermutige sie, kreativ das eigene Leitbild zu gestalten. Sie können jetzt ganz kreativ werden, um einen emotionalen Zugang zu ihrem Leitbild zu bekommen. Für den Fall, dass sie der Meinung sind, nicht *begabt* genug zu sein, versichere ihnen, dass es darauf in keiner Weise ankommt.

Im besten Fall werden sie einen spielerischen und liebevoll Zugang zu seinem eigenen Leitbild erfahren. Wenn sie Lust haben, können sie bunte Stifte verwenden und kreativ so gestalten, dass genau ihr persönliches Leitbild verkörpern! Alles ist erlaubt: zeichnen, malen, beschriften, bekleben ...

Vielleicht möchten sie ihrem Leitbild ein »Motto« geben.

Nun kannst du kreativ werden! Gestalte dein Leitbild nach deinen Wünschen: Alles ist erlaubt! Zeichnen, malen, beschriften, bekleben. Und wenn du magst, kannst du deinem Leitbild ein Motto geben. Du kannst beispielsweise ein großes Blatt Papier nehmen und es nach deinen Vorstellungen gestalten.

ÜBUNG STUFE 4: MEIN WOCHENPLAN

Dieser Wochenplan hilft dir ganz wunderbar dabei, dich und deine Zeit gut zu strukturieren. Suche dir fünf deiner Rollen aus und frage dich, welches Ziel für deine gewählte Rolle hast.

Lege deine Prioritäten für die Woche fest und dann für jeden Tag. So behältst du deine Termine und alles, was dir wichtig ist, im Blick.

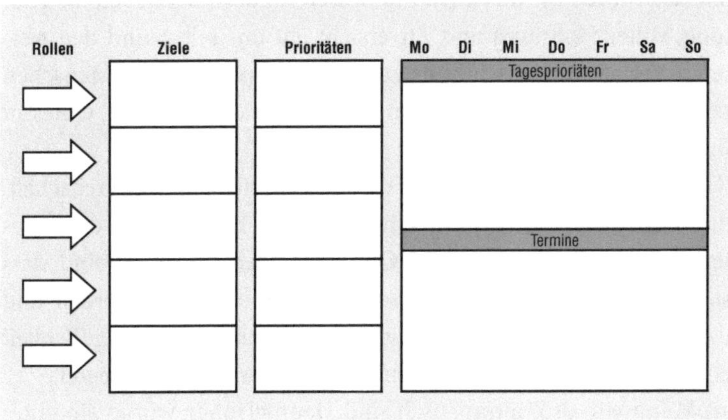

Stufe 5: Optimismus

AUF EINEN BLICK

Der Dalai Lama empfiehlt: »Entscheide dich dafür, optimistisch zu sein. Es fühlt sich besser an.« Wenn wir optimistisch auf die Welt blicken, fühlen wir uns nicht nur besser, sondern wir haben die Haltung, voller Hoffnung und Zuversicht auf uns selbst und den weiteren Verlauf unseres Lebens zu blicken. Optimistische Menschen tendieren zu positivem Denken und sie erwarten generell Gutes in ihrem Leben.

Optimismus umfasst sowohl die Fähigkeit als auch die Bereitschaft, die Dinge positiv zu betrachten und eine gute Entwicklung, einen guten Ausgang zu erwarten. Weil Optimisten der Auffassung sind, dass sie ihre Ziele mit hoher Wahrscheinlichkeit erreichen werden und dass von ihnen erwünschte Ereignisse mit hoher Wahrscheinlichkeit eintreten werden, sind sie sehr motiviert und anstrengungsbereit.

Wenn wir also optimistisch sind, dann glauben wir an ein gutes Ende und deshalb setzen wir uns genau dafür ein. Wir tun – bewusst oder unbewusst – alles dafür, dass die Dinge einen guten Verlauf nehmen. Mehr noch: Wir haben das Gefühl, dass wir einen Einfluss auf den Verlauf haben – wir fühlen uns selbstwirksam! Und das fühlt sich dann doppelt gut an …

THEORETISCHER INPUT

»Optimismus kann verstanden werden als habituelle Tendenz, die Dinge zuversichtlich zu sehen und selbst in schwierigen Situationen positive Ergebnisse zu erwarten. Optimismus könnte somit als Neigung zu positivem Denken umschrieben werden«, so beschreiben es Carver und Scheier (2002; zitiert nach: Auhagen 2008, S. 16).

Darüber hinaus haben Optimisten eine hohe Anstrengungsbereitschaft in puncto Ziele, die laut Stroebe u. a. (2003) als »beharrlich« bezeichnet werden kann. Aufgrund dieser Beharrlichkeit können wir davon ausgehen, dass optimistische Menschen mit dieser Zielorientierung auch wirklich erfolgreicher und wesentlich resilienter sind als ihre pessimistischen Zeitgenossen. Dieser Prozess ist vergleichbar mit einer Art »Resilienzwachstum«.

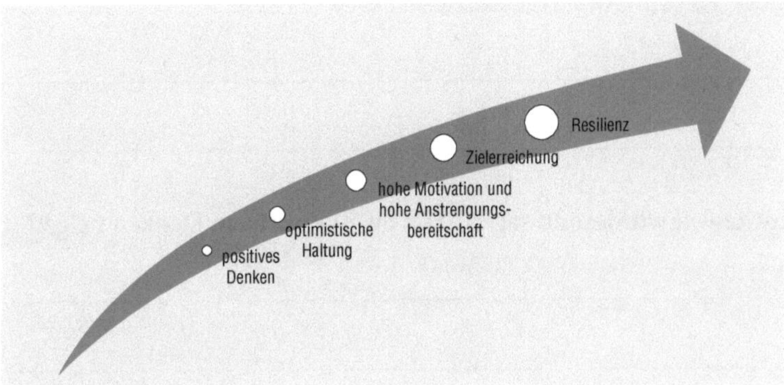

Resilienzwachstum

OPTIMISMUS = BEREITSCHAFT UND FÄHIGKEIT. Warum unterscheiden wir bei Optimismus zwischen Bereitschaft und Fähigkeit? Weil es an uns ist, uns für Optimismus entscheiden zu wollen. Erst wenn wir diese Entscheidung für uns getroffen haben, können wir diese Haltung trainieren. Optimismus können wir aus psychologischer Sicht als eine Art Persönlichkeitsmerkmal und Stärke beschreiben – und diese können wir trainieren. Voraussetzung: Wir wollen es!

»Das Glück deines Lebens hängt von der Beschaffenheit deiner Gedanken ab«, stellte schon Marcus Aurelius, der ehemalige römische Kaiser, fest. Da Optimismus als Neigung zu positivem Denken betrachtet werden kann, ist der Gedanke von Marcus Aurelius absolut zutreffend!

ÜBUNG

DEIN CHECK: MEIN OPTIMISMUS

Schätze bitte auf einer Skala von 1 bis 10 (10 = sehr optimistisch) ein, für wie optimistisch du dich hältst.

Mein Wert: ______________________________

Begründe deine Antwort:

____

____

____

Inwieweit würdest du sagen, dass du zu positivem Denken neigst?

____

____

____

Wie würdest du deine Fähigkeit beschreiben, optimistisch zu denken und Gutes zu erwarten?

____

____

____

Wie hoch ist deine persönliche Bereitschaft zu Optimismus?

____

____

DISPOSITIONALER OPTIMISMUS. Dieser Begriff wurde von Carver und Scheier definiert und entspricht weitestgehend dem, was in der Alltagssprache mit Optimismus gemeint ist: »Ich blicke optimistisch in die Zukunft und tue auch etwas dafür.« Wenn dieser Satz auf uns zutrifft, dann haben wir eine generalisierte positive Erwartungshaltung und verfügen über den sogenannten optimistischen Attributionsstil. Was das bedeutet, schauen wir uns jetzt ganz genau an.

ATTRIBUTIONEN UND KONTROLLÜBERZEUGUNGEN. Attributionen liefern die Erklärung für ein bestimmtes Verhalten. Sie sind Ursachenzuschreibungen darüber, welche Motive für gezeigte Verhaltensweisen in Betracht werden können. Kurzum, sie sind die Antwort auf die Frage: Warum mache ich das?

Eng damit verknüpft ist der Begriff der sogenannten Kontrollorientierung »Locus of Control«, den der amerikanische Psychologe Julian Rotter 1954 einführte. Der »Locus of Control« beantwortet die Frage nach der Ursache für ein bestimmtes Verhalten (Meyers 2005): Ist das erreichte Ereignis durch mein eigenes Zutun oder durch andere Faktoren bedingt (Auhagen 2008, S. 16)?

INTERNAL LOCUS OF CONTROL	Wahrnehmung: Ich kann mein Schicksal kontrollieren.
EXTERNAL LOCUS OF CONTROL	Wahrnehmung: Mein Schicksal wird vom Zufall oder von externen Kräften bestimmt, die sich meiner Kontrolle entziehen.

Welche Faktoren tragen dazu bei, ob sich eher eine internale oder eine externale Kontrollorientierung entwickelt? Was sind die Faktoren dafür, dass Menschen sich hilflos fühlen und mit der Überzeugung leben, das eigene Leben nicht vollständig kontrollieren zu können (Zimbardo/Gerrig 2004, S. 597). Auhagen stellt fest, dass soziale, schulische und berufliche Sozialisationsfaktoren dafür von Bedeutung sind. »Umgebungsmerkmale wie eine starke Strukturiertheit, unzählige Regeln und ein geringer Entscheidungsspielraum begünstigen die Ausprägung externaler Kontrollüberzeugungen« (Auhagen 2008, S. 21).

Eine weitere Dimension besteht in Stabilität versus Instabilität, um die Heider 1958 und Weiner 1971 (Stroebe u. a. 2003) das Modell erweiterten. Sie beantwortet die Frage, ob der kausale Faktor stabil oder variabel ist. Kontrollorientierung und Stabilität interagieren miteinander, wie die folgende Abbildung zeigt.

		Kontrollorientierung	
		internal	external
Stabilität	stabil	Fähigkeit → drückt sich in einem guten Selbstvertrauen aus	Aufgabenschwierigkeit
	variabel	Anstrengung	Glück

Wenn eine Person, die beispielsweise eine Prüfung gut bestanden hat, dieses Ergebnis internal und stabil attribuiert, wird sie ihre Leistung auf eine in ihr innewohnende Fähigkeit zurückführen. Schreibt diese Person den Prüfungsausgang dem Glück zu, so ist von einem externalen und variablen Attributionsstil auszugehen, wie die Abbildung zeigt. Der Attributionsstil determiniert das künftige Verhalten eines Menschen.

OPTIMISTISCHER ATTRIBUTIONSSTIL. Der von Martin Seligman geschaffene Begriff »optimistischer Attributionsstil« steht für die Haltung von Optimisten, Erfolge internen, von ihnen selbst zu vertretenden Gründen wie zum Beispiel ihrer Kompetenz zuzuschreiben. Erfolge sind in den Augen von Optimisten auf ihr eigenes Verhalten zurückzuführen, nicht situationsspezifisch und sie rechnen (fast) immer damit.

Anders ausgedrückt: Wenn wir optimistisch sind, dann glauben wir daran, dass wir aufgrund unserer Kompetenz erfolgreich sind, dass das konsistent ist und auf die unterschiedlichsten Lebensbereiche zutrifft.

Die folgende Tabelle gibt eine vollständige Übersicht über die Dimensionen, auf denen sich Attributionen unterscheiden (in Anlehnung an: Zimbardo/Gerrig 2004, S. 534).

Dimension Kontrollorientierung	internal	external
Dimension Stabilität versus Instabilität	stabil	variabel
Dimension Globalität versus Spezifität	global	spezifisch

Die dritte Dimension von Globalität versus Spezifität fragt nach der situativen Bedeutung. Wird ein bestimmtes Verhalten nur in spezifischen Situationen gezeigt oder ist es »global, breit anwendbar in zahlreichen Kontexten« (Zimbardo/Gerrig 2004, S. 534).

Festhalten lassen sich folgende Sätze beim optimistisches Attributionsstil:

- Internal: »Es liegt an mir.«
- Stabil: »Das ist immer so.«
- Global: »Das trifft auf (fast) alle Lebensbereiche zu.«

Der optimistische Attributionsstil bedeutet: Wenn wir optimistisch sind, dann glauben wir daran, dass wir aufgrund unserer Kompetenz erfolgreich sind, dass das konsistent ist und auf die unterschiedlichsten Lebensbereiche zutrifft. »Menschen, die glauben, dass gute Ereignisse permanente Ursachen haben, strengen sich – nachdem sie einmal Erfolg gehabt haben – beim nächsten Mal noch stärker an« schreibt Seligman (2005 S. 154).

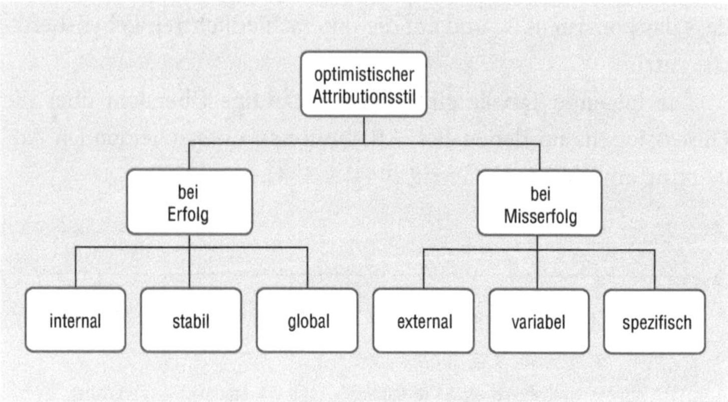

Optimisten schöpfen ihre Leistungsmöglichkeiten voll aus, weil sie an sich selbst und ihren Erfolg glauben! Sie glauben generell an einen guten Ausgang, weil sie sich und ihren Fähigkeiten vertrauen – in allen Situationen. Wie gehen Optimisten mit Misserfolgen um? Nun, Misserfolge werden sie externen und somit nicht von ihnen zu vertretenden Faktoren zuordnen. Darüber hinaus sehen sie Misserfolge als variabel und spezifisch an. Somit trifft es in ihren Augen nur für eine bestimmte Situation zu und ist kein konsistentes Verhalten.

PESSIMISTISCHER ATTRIBUTIONSSTIL. Analog zur beschriebenen optimistischen Ausrichtung postulierte Seligman (2005) das dazugehörige Pendant – den pessimistischen Attributionsstil. Zimbardo und Gerrig (2004, S. 535 f.) betonen: »Da Pessimisten glauben, zum Misserfolg verdammt zu sein, leisten sie weniger, als man entsprechend einer objektiven Einschätzung ihrer Fähigkeiten erwarten könnte.«

Pessimisten bleiben also unter ihren Leistungsmöglichkeiten, weil sie selbst nicht an ihren Erfolg glauben!

Menschen mit einem pessimistischen Erklärungsstil legen den Fokus auf internale Ursachen für einen Misserfolg. Das wird als stabil und global eingeordnet und hat zur Folge, dass die Person nicht daran glaubt, selbst für einen positiven Ausgang einer Situation sorgen zu können.

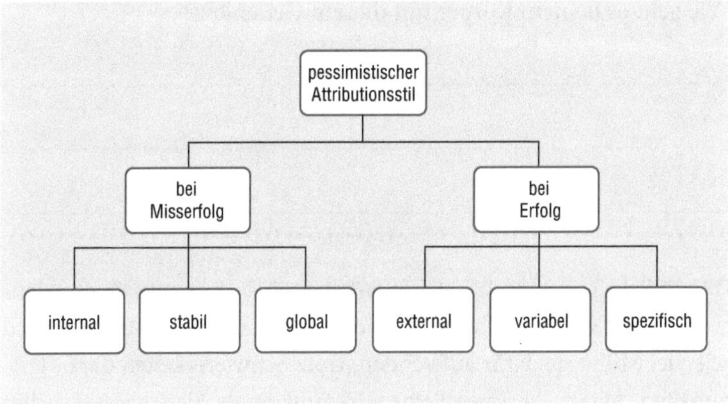

LICHT IST IMMER HELLER ALS DUNKELHEIT. Optimisten haben noch eine weitere Fähigkeit: Wenn sie erst einmal gute Erfahrungen gemacht haben in ihrem Leben, dann lassen sie sich von einer schlechten Erfahrung nicht »umpusten« – im Gegenteil! Sie denken dann: Einmal ist keinmal und gehen unbeirrt optimistisch ihren Weg weiter. Sie sind weiterhin bereit dazu, positiv zu denken und Gutes zu erwarten.

ÜBUNG

DEIN CHECK: LICHT IM DUNKELN

Ein kleines Licht kann einen großen dunklen Raum erhellen.

Was denkst du über diesen Gedanken?

____

____

Was fühlst du bei diesem Gedanken?

____

____

Wie geht es deinem Körper mit diesem Gedanken?

___

___

___

FUNKTIONALER OPTIMISMUS: SELBSTWIRKSAMKEIT. Wie ernsthaft Menschen bereit sind, sich für das Erreichen eines Ziels anzustrengen, und wie viel Mühe sie dafür aufwenden, trotz Schwierigkeiten daran festzuhalten, hängt von ihrer Selbstwirksamkeit ab. Sie ist wesentlicher Bestandteil der sozial-kognitiven Lerntheorie des kanadischen Psychologen Bandura (1977) und wird von Zimbardo und Gerrig (2004, S. 629) folgendermaßen beschrieben: »Selbstwirksamkeit: Die Menge an Überzeugungen, dass man in einer bestimmten Situation sich angemessen verhalten und angemessene Leistungen erbringen kann«.

Wichtig hierbei ist, dass Banduras Theorie der Selbstwirksamkeit von 1977 nicht nur die eigenen Fähigkeiten, sondern ebenfalls die Umwelt inkludiert. Ob eine Aufgabe mit Gründlichkeit und Elan erfüllt wird, könnte mehr von dem Gefühl der Selbstwirksamkeit abhängen als von der tatsächlich vorhandenen Fähigkeit, wie Zimbardo und Gerrig (2004, S. 630) ableiten. Selbstwirksamkeit ist insofern mit sich selbst erfüllenden Prophezeiungen in Zusammenhang zu bringen und korreliert mit dem Attributionsstil, den eine Person aufweist.

In Anlehnung an Bandura definiert Auhagen (2008, S. 16) Selbstwirksamkeit als »die Überzeugung, wirksam Einfluss auf ein Geschehen nehmen zu können und so das zu erreichen, was man erreichen möchte«, selbst wenn eine Person sich mit Schwierigkeiten konfrontiert sieht. Wenn es möglich ist, Schwierigkeiten als Herausforderung zu betrachten, kann von einer hohen Selbstwirksamkeit gesprochen werden, wie es auch das folgende Zitat von Albert Einstein ausdrückt: »Jedes Problem birgt in sich auch eine Chance.«

Selbstwirksame Menschen attribuieren Erfolge internal und stabil und glauben an ihre eigenen Fähigkeiten. Menschen mit einer hohen Selbstwirksamkeit weisen demzufolge denselben Attributionsstil auf wie optimistische Menschen. Darüber hinaus sind sie bei besonders attraktiven Zielen kurzfristig bereit, sich anzustrengen, um ein Ziel zu erreichen oder eine Aufgabe gut zu lösen, was dann einer internalen und variablen Attribution entspricht.

ZWEI KOMPONENTEN DER SELBSTWIRKSAMKEIT. Selbstwirksamkeit setzt sich aus zwei Arten von Erwartungen zusammen, die Auhagen (2008, S. 16 f.) als Kompetenz- und Konsequenzerwartung bezeichnet. Bei Schwarzer (2000) findet sich die Unterscheidung in die kognitiven Variablen »Selbstwirksamkeits- und Ergebniserwartungen«.

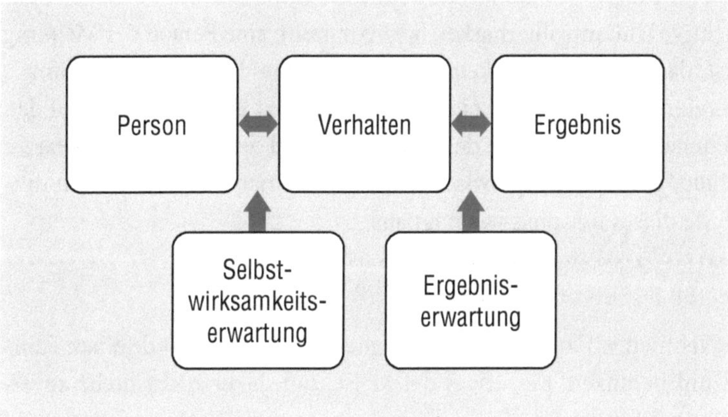

Unser Verhalten ist unmittelbar mit unseren Selbstwirksamkeitserwartungen verknüpft, denn diese beinhalten die Gewissheit, selbst über die Kompetenz und Fähigkeit zu verfügen, die zur erfolgreichen Ausführung einer Handlung vorgenommen werden. Zwischen unserem Verhalten und dem Ergebnis positioniert Bandura (1997) die Ergebniserwartungen. Diese entsprechen der Vermutung darüber, mit welcher Wahrscheinlichkeit ein bestimmtes Verhalten dazu dient, ein wünschenswertes Ziel erreichen zu können (Auhagen 2008, S. 16).

SELBSTWIRKSAMKEIT IST FUNKTIONALER OPTIMISMUS. Wenn wir davon überzeugt sind, dass wir aufgrund unserer Stärken und Fähigkeiten auch schwierige Herausforderungen meistern, hat das positive Auswirkungen auf unser Verhalten. Wenn wir darüber hinaus noch an einen guten Ausgang glauben, wird sich das positive Auswirkungen auf das Ergebnis haben. – Oder um es mit den Worten der jungen Dichterin Julia Engelmann auszudrücken: »Es geht nicht darum, wie hoch du springen kannst, sondern, wie hoch du glaubst, dass du springen kannst.«

UNKONTROLLIERBARKEIT – DAS GEGENTEIL VON SELBSTWIRKSAMKEIT. Subjektive Unkontrollierbarkeit liegt vor, wenn eine Person der Meinung ist, dass ihr Verhalten keinen Einfluss darauf hat, ob ein bestimmtes Ereignis eintritt. Eine solche Einstellung hat Konsequenzen auf den Ebenen der Kognition, der Motivation und der Emotion (Schwarzer 2000, S. 144). Metaphorisch drückte Seligman den Sachverhalt mithilfe dieses Beispiels wie folgt aus.

BEISPIEL FÜR SELBSTWIRKSAMKEIT

»Nehmen wir an, wir müssten täglich im Dienstgebäude einen Fahrstuhl benutzen, der etwas defekt ist und daher nicht mehr zuverlässig funktioniert, das heißt, er kommt nicht immer, wenn wir auf den Knopf drücken. Der Knopfdruck ist eine willentliche Reaktion (Handlung), und das Erscheinen des Fahrstuhls ist die Konsequenz (Handlungsergebnis). Kommt der Fahrstuhl unregelmäßig, vielleicht im Durchschnitt nur bei jedem zweiten Knopfdrücken, so ist die Wahrscheinlichkeit des positiven Ereignisses nur 50 Prozent. Sofern das Treppensteigen sehr mühsam ist, wird man also den Knopf immer wieder drücken, bis die erwünschte Handlung eintritt. Das

Individuum erlebt dann das Handlungsergebnis als teilweise abhängig von der eigenen Handlung. Nun ist es aber auch denkbar, dass der Fahrstuhl manchmal ankommt, ohne dass jemand gedrückt hat. Nehmen wir an, dass durchschnittlich an jedem zweiten Tag der Fahrstuhl auch dann erscheint, wenn wir noch gar nicht willentlich reagiert, sondern nur gehustet oder uns am Kopf gekratzt haben. Dann ist die Wahrscheinlichkeit der Konsequenz ohne Reaktion genauso hoch wie diejenige mit Reaktion« (Seligman 1979; zitiert nach Schwarzer 2000, S. 145).

Dieses Beispiel verdeutlicht, dass die Konsequenz des Verhaltens sich der Kontrolle der Person entzieht. Daraus resultiert eine Hilflosigkeit, die kognitive, motivationale und emotionale Aspekte in sich vereint. Analog dazu ist eine hohe Selbstwirksamkeit damit verbunden, dass eine Person glaubt, die Fähigkeit zu haben, ein Ziel zu erreichen und dies auch für wahrscheinlich hält. Ziele zu erreichen trägt zum Glücklichsein und zu mehr Resilienz bei.

GLÜCK UND OPTIMISMUS. Sonja Lyubomirsky hat erforscht, was wirklich glückliche Menschen ausmacht, und einen signifikanten Zusammenhang darin festgestellt, dass diese Menschen nicht einfach auf das Glück warten, sondern aktiv werden und handeln. »Sie suchen sich neue Aktivitäten und Erfolge und übernehmen die Kontrolle über ihre Gedanken und Gefühle« (Lyubomirsky 2018, S. 74). Daraus geht hervor, dass glückliche Menschen ihr Glück nicht äußeren Faktoren überlassen und somit der Ansicht sind, die Kontrolle über das, was kommt, zu haben. Interessanterweise ist nicht entscheidend, ob Menschen dann tatsächlich einen Einfluss haben, denn wer kann schon sagen, wie eine Prüfung oder etwas Ähnliches tatsächlich verlaufen wird? Aber das Gefühl, die Kontrolle über das eigene Schicksal zu haben, ist ein wesentlicher Beitrag auf dem Weg zum Glücklichsein – und Optimismus ist die passende Haltung. »Das Merkwürdigste an dieser Illusion der Kontrolle ist nicht, dass sie geschieht, sondern dass sie eine ähnliche psychologische Wirkung hat wie tatsächliche Kontrolle« unterstreicht Daniel Gilbert (2006, S. 55).

ÜBUNG

DEIN CHECK: OPTIMISMUS FÜR DICH TO GO

Unsere Kernpunkte:

- Wer optimistisch ist, neigt zu positivem Denken und erwartet Gutes in seinem Leben.
- Optimisten vertrauen sich und ihren Fähigkeiten.
- Wenn wir optimistisch sind, schöpfen wir unsere Leistungsmöglichkeiten voll aus, weil wir an uns selbst und unseren Erfolg glauben!
- Wenn wir optimistisch sind, meistern wir eher schwierige Herausforderungen, weil wir an das gute Ende glauben.
- Selbstwirksamkeit ist funktionaler Optimismus.

Kernsätze – Soulfood:

- Optimistische Gedanken tun mir gut!
- Optimismus macht mein Leben heller und leichter!
- Es kommt nicht darauf an, wie hoch ich springen kann – sondern, wie hoch ich glaube, dass ich springen kann (frei nach Julia Engelmann).

Deine Punkte:

____

____

____

FOOD FOR THOUGHT

- Csikszentmihalyi M. (2017): Flow: Der Weg zum Glück. 9. Auflage. Breisgau: Herder.
  Weil Optimismus zum Flow-Erleben und damit zum Glück führt ...
- Engelmann, B. (2013): Das Glückspuzzle. Weinheim: Beltz.
  Mit dieser Audio-CD kannst du die einzelnen Facetten von Glück wie Optimismus, aber auch Dankbarkeit, Flow-Erleben und Achtsamkeit entdecken.
- Gilbert, D. (2006). Ins Glück stolpern. Über die Unvorhersehbarkeit dessen, was wir uns am meisten wünschen. München: Riemann.
  Dieses Buch des Harvard-Psychologen bietet dir Fachwissen gepaart mit den Besonderheiten unserer menschlichen Psyche sowie wertvollen Tipps für ein glückliches Leben.
- Seligman, M. E. P. (2005): Der Glücks-Faktor: Warum Optimisten länger leben. (16. Auflage). Bergisch-Gladbach: Bastei-Lübbe.
  Dieses Buch ist ein Klassiker der Positiven Psychologie. Seligman gilt als Pionier der Positiven Psychologie und zeigt, wie es uns gelingt, glücklich zu sein, und was Optimismus damit zu tun hat.
- Seligman, M. E. P. (2011): Flourish – Wie Menschen aufblühen. Die Positive Psychologie des gelingenden Lebens. München: Kösel.
  Wenn du wissen möchtest, inwiefern die fünf Säulen des persönlichen Wohlbefindens zu einem gelingenden Leben führen ...

Übungen Stufe 5: Optimismus

Die Übungen für die fünfte Stufe »Optimismus« sind:

- Gute Gründe für Optimismus *
- Lebensweg mit Happy Ends *
- Die Sache mit den Wolken
- Wecke den Optimisten in dir *

Hier im Buch sind diejenigen Übungen enthalten, die mit Sternchen * gekennzeichnet sind. Alle Übungen zum Ausdrucken und Bearbeiten erhältst bei den Online-Materialien.

ÜBUNG STUFE 5: GUTE GRÜNDE FÜR OPTIMISMUS

Sicher, das »berühmte« Glas kann halbvoll oder auch halbleer sein. Für beide Varianten gibt es gute Gründe – keine Frage. Naturgemäß fallen vielen von uns schneller gute Gründe dafür ein, warum das Glas halbleer ist. Deshalb ist es wichtig, das mit den guten Gründen für Optimismus zu üben.

Richte deine Aufmerksamkeit ganz bewusst auf alles, was in deinem Leben schon gut ist, was bis hierher schon gut gelaufen ist und worauf du vertrauen kannst. Auf der gegenüberliegenden Seite kannst du dir Stichworte eintragen.

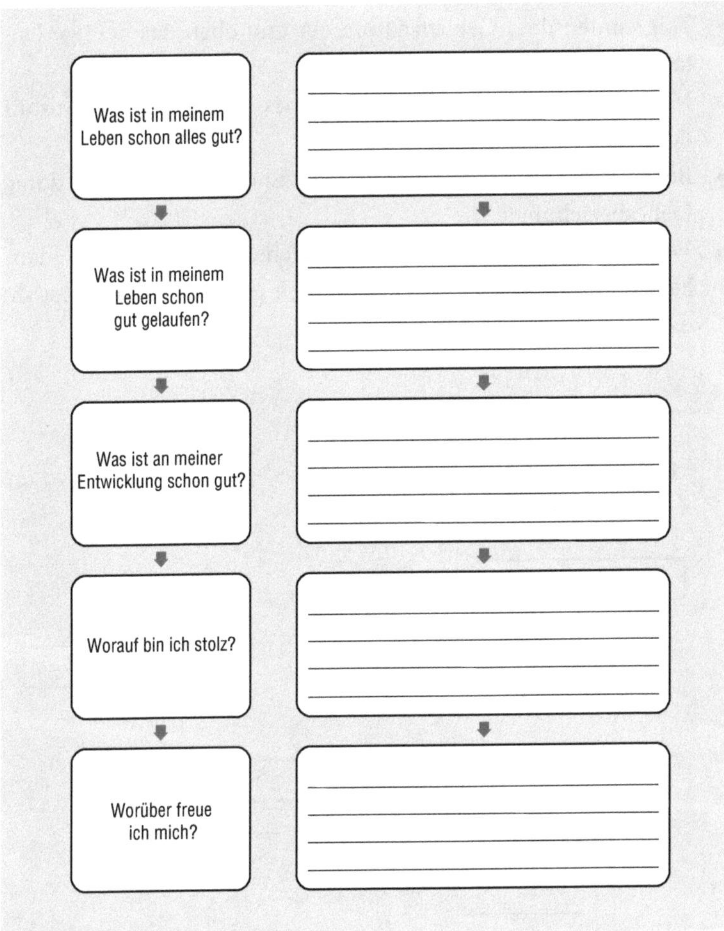

ÜBUNG STUFE 5: LEBENSWEG MIT HAPPY ENDS

Herzlich willkommen in deiner Vergangenheit!

Begib dich für diese Übung einmal ganz bewusst in deine Vergangenheit und finde alle diejenigen Situationen und Erlebnisse, auf die du im Voraus optimistisch geblickt hast und die dann auch wirklich ein »Happy End« für dich hatten.

- Trage unten dein Geburtsdatum ein und oben das heutige Datum.
- Markiere nun einzelne Stationen deines Lebens (Schule, Ausbildung …).
- Benenne die Situationen mit »Happy End« (Abitur, Ausbildung, Liebesbeziehung …).
- Versuche dich daran zu erinnern, welche optimistischen Gedanken du im Voraus hattest, wie du dich gefühlt hast und was du damals genau gemacht hast.

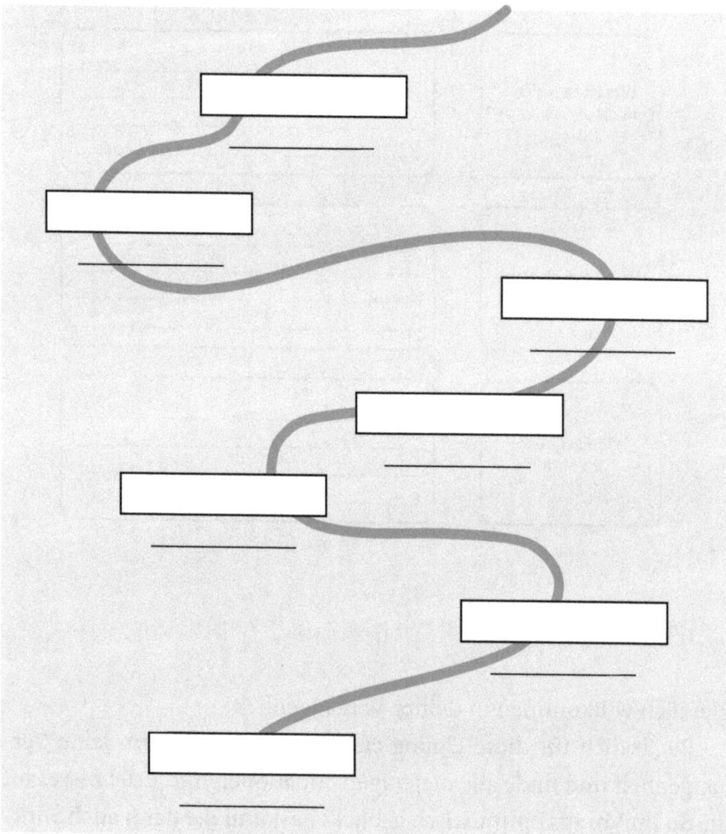

Wenn du nun deinen Lebensweg und die unterschiedlichen »Happy Ends« sowie die einzelnen Stationen deines Lebens betrachtest, was denkst du dann?

____

____

____

Wenn du deine Aufmerksamkeit gezielt auf die »Happy Ends« richtest, was fühlst du dann?

____

____

____

Welche Schlussfolgerungen ziehst du für dich in puncto Optimismus daraus? Inwiefern macht dir dein bisheriger Lebensweg Mut?

____

____

____

Was möchtest du dir für deinen weiteren Lebensweg in puncto Optimismus mitnehmen?

____

____

____

Und hier wieder eine Portion »Soulfood« für deine Coachees.

SOULFOOD

Wenn du Lust auf eine Portion Optimismus hast, dann lies dir die Zitate durch, suche dir das Zitat aus, das dich in diesem Augenblick anlacht und beantworte dir innerlich die nachfolgenden Fragen:

- Welches gefällt mir jetzt gerade am meisten?
- Warum spricht es mich gerade an?
- Wie fühle ich mich beim Lesen dieses Zitats?

Zitate:

- »Auch aus Steinen, die einem in den Weg gelegt werden, kann man etwas Schönes bauen.« Johann Wolfgang von Goethe
- »Ein Optimist ist ein Mensch, der alles halb so schlimm oder doppelt so gut findet.« Heinz Rühmann
- »Ein Optimist ist ein Mensch, der ein Dutzend Austern bestellt in der Hoffnung, sie mit der Perle, die er darin findet, bezahlen zu können.« Theodor Fontane
- »Der Optimist denkt oft ebenso einseitig wie der Pessimist. Nur er lebt froher.« Charlie Rivel

ÜBUNG STUFE 5: WECKE DEN OPTIMISTEN IN DIR

»Die wahren Optimisten sind nicht überzeugt, dass alles gut gehen wird, aber sie sind überzeugt, dass nicht alles schief gehen kann« Friedrich von Schiller.

Wir tun unserer Gesundheit etwas Gutes, wenn wir unserem inneren Optimisten viel Raum geben: Neben einem niedrigeren Blutdruck haben Optimisten ein niedrigeres Risiko an Depressionen zu erkranken, schreibt Martin Seligman, der Pionier der Positiven Psychologie, in seinem Buch »Der Glücks-Faktor: Warum Optimisten länger leben«. Eine Langzeitstudie der Universität Zürich (Bopp u. a.

2012) belegt, dass das Sterberisiko bei Menschen, die von sich sagen, es gehe ihnen sehr gut und die optimistisch auf die eigene Gesundheit blicken, geringer ist als das ihrer pessimistischen Zeitgenossen.

Machen wir uns nichts vor: Wir alle haben einen inneren Optimisten und einen inneren Pessimisten in uns. Es ist unsere Entscheidung, wer in unserem Leben das Sagen hat!

Schätze bitte ein, wie groß der Anteil des Optimisten in dir ist. Und wie groß ist der Anteil deines inneren Pessimisten? Zeichne deren Anteile in den nachstehenden Kreis ein:

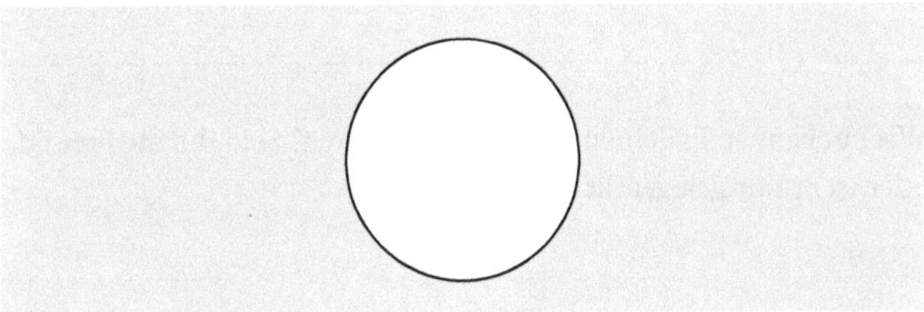

Betrachte das Ergebnis. – Wie geht es dir damit?

Wie hättest du das Verhältnis von innerem Optimisten zu innerem Pessimisten am liebsten? Trage das ebenfalls in den nachstehenden Kreis ein:

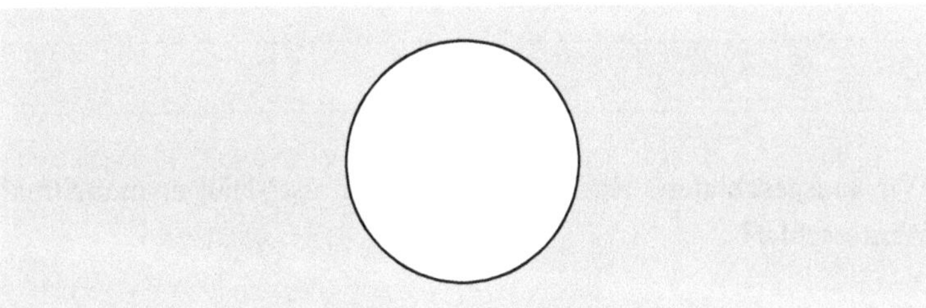

Wie zufrieden bist du mit deinem Wunschszenario? Was ist daran besser deiner Ansicht nach?

Was benötigst du, um deinem gewünschten Verhältnis einen Schritt näher zu kommen?

Wie gut kennst du deinen inneren Pessimisten? Seid ihr alte Freunde oder ist er nur gelegentlich zu Besuch?

Was trägst du dazu bei, dass er sich bei dir wohlfühlt?

Beschreibe das Verhältnis, dass du zu deinem inneren Optimisten hast.

Wie »ausgeschlafen« ist dein innerer Optimist? Hält er manchmal Winterschlaf?

Was kannst du tun, um ihn zu erwecken und mit dir durchs Leben zu gehen?

Welchen Vorteil hätte das für dich?

Was kannst du dazu beitragen, dass dein innerer Pessimist weniger Raum einnimmt?

In welchen Situationen rechnest du damit, dass dein innerer Pessimist sich wieder zuständig fühlt?

Was kannst du tun, um deinen inneren Optimisten zu hegen und zu pflegen?

Stufe 6: Coping

AUF EINEN BLICK

»Sorry Stress, ich brauche dich nicht mehr. Ich bin auch ohne dich wichtig und wertvoll.« – Stress versetzt uns in Alarmbereitschaft. Wir haben keinen klaren Kopf mehr und somit keinen Zugang zu allem Guten, das wir uns bezüglich Selbstmanagement und Optimismus aufgebaut haben. Herausforderungen, die uns anspannen, wird es immer geben. Doch an jedem Punkt des Stressprozesses, den wir dann durchlaufen, können wir Ressourcen einsetzen. Diese unterstützen uns, damit wir uns kognitiv und emotional wieder bewusst auf unsere Ziele hin auf- und ausrichten können.

Erfolgreiches Coping bedeutet, dass wir in der Lage sind, unsere Ressourcen und Kompetenzen in herausfordernden Situationen passgenau einzusetzen. Unsere Copingfähigkeit lässt sich trainieren. Sie bietet uns eine weitere stabile Stufe, um auch in stürmischen Zeiten selbstbewusst und resilient für uns zu sorgen.

THEORETISCHER INPUT

ICH HABE STRESS = ICH BIN WICHTIG. Ist Stress ein Statussymbol? »Oh, wenn du so gestresst bist, musst du wirklich sehr wichtig sein!« Wir denken oft, dass andere so von uns denken. Aber auch wir selbst geben dem Stress diese Bedeutung und nähren damit ungünstige Glaubenssätze. An dieser Stelle ehrlich zu sich selbst zu sein, ist gar nicht so leicht. In der Leistungsgesellschaft, in der wir leben, ist ein (zu) hohes Maß an Aktivität oft als Zeichen interpretiert, dass wir »wichtig sind«, »gebraucht werden« und »dazugehören« und so werden wichtige Grundbedürfnisse bedient. Viel schneller als »Ich bin wirklich wichtig.« kommt uns »Ich bin voll im Stress.« über die Lippen. Doch bei der Frage, wie sinnvoll es ist, dass wir uns stetig selbst Stress suggerieren und welche Absicht sich dahinter verbirgt, lohnt sich ein Blick hinter die Kulissen.

ÜBUNG

DEIN CHECK: BRAUCHST DU STRESS?

Wie verwendest du den Begriff »Stress«? Was bedeutet er für dich?

Wenn du sagst, »Ich habe gerade Stress«, was willst du damit ausdrücken?

Wenn du sagst, »Ich habe gerade Stress.«, was willst du deiner Außenwelt damit mitteilen?

REIZ MICH NICHT! Haben wir eine Wahl, ob wir ein stressiges Leben haben oder nicht? Mit Sicherheit haben wir kaum die Wahl, dass täglich Reize auf uns einwirken. Doch wie viel Raum wir ihnen geben und welche Spuren sie hinterlassen, haben wir in der Hand.

Nach Richard S. Lazarus ist Stress Folgendes: »Stress ist jede innere oder äußere Anforderung an einen Organismus, die dessen Anpassungsfähigkeit beansprucht oder übersteigt« (Lazarus 2005, S. 233).

Stress oder sogenannte »Reiz-Ereignisse« erfordern also unsere Anpassungsfähigkeit (adaptive Reaktion). Auf die täglichen »Reiz-Ereignisse« (Deine Kollegin kommt mal wieder nicht auf den Punkt, ungeplant liegt ein weiteres Projekt auf deinem Schreibtisch, auf deinem Parkplatz steht zum wiederholten Mal jemand anderes …) können wir mit Stress reagieren, aber wir müssen es nicht.

In der Literatur werden Elemente dann als Stressoren bezeichnet, wenn sie mit hoher Wahrscheinlichkeit Stressreaktionen auslösen. Solche Stressoren können sowohl chemischer oder physikalischer Natur (zum Beispiel Lärm oder Hitze) als auch psychosozialer Natur sein. Insbesondere die psychosozialen Belastungen in der Familie oder am Arbeitsplatz, die sich aus sozialen Beziehungen und Konflikten, Erwartungsdruck, hohen (Selbst-)Anforderungen oder sich verändernden Strukturen ergeben, sind im Coaching ein Thema. Dabei spielen häufig zunächst unauffälligere Belastungen wie Ungerechtigkeiten oder ein unbefriedigtes Bedürfnis nach Zugehörigkeit eine Rolle (»Ich habe einen Fehler gemacht.«, »Ich bin hier für nichts wichtig.«, »Keiner erzählt mir etwas, keiner braucht mich, ich kann niemandem vertrauen!«), die für unseren Selbstwert eine ernsthafte Bedrohung darstellen können. Zu Recht werden wir unruhig, wenn unsere Werte verletzt werden. Wie »immer« geht es auch beim Stress darum, sich die einwirkenden Faktoren und Reize zunächst bewusst zu machen und zu sortieren. Dazu gehört die Frage, welche Ängste und welche Bedürfnisse sich hinter unseren Emotionen verbergen.

ÜBUNG

DEIN CHECK: REIZ MICH NICHT …

Was sind aktuell deine Stressoren? Wenn du magst, sortiere deine »Reiz-Ereignisse« in die drei folgenden Sparten:

PHYSISCHE BEDINGUNGEN (KÖRPER-HALTUNGEN, UMWELT)	ARBEITSAUFGABEN UND -ORGANISATION (ZEITDRUCK, STÖRUNGEN, UNKLARHEITEN)	SOZIALE BEZIEHUNGEN (ROLLENKONFLIKTE, VERSTECKTE BOTSCHAFTEN, DRUCK)

Welche Werte, Ängste und Bedürfnisse könnten hinter deinen »Reizen« stehen?

AUS DEM GLEICHGEWICHT. Jede Belastung bedeutet, dass wir psychisch und/oder physisch beansprucht werden. In jedem Fall ist unser psychophysiologisches Gleichgewicht aus dem Takt, wir müssen unsere Kräfte mobilisieren und unsere Ressourcen in Anspruch nehmen. Je häufiger und intensiver dies passiert, desto eher sind unsere vorhandenen Ressourcen erschöpft. Daraus kann eine Überbeanspruchung resultieren. Dieses Ungleichgewicht zeigt sich nicht immer in Form von Stress, sondern kann auch als Ermüdung, Monotonie oder Sättigung zum Vorschein treten.

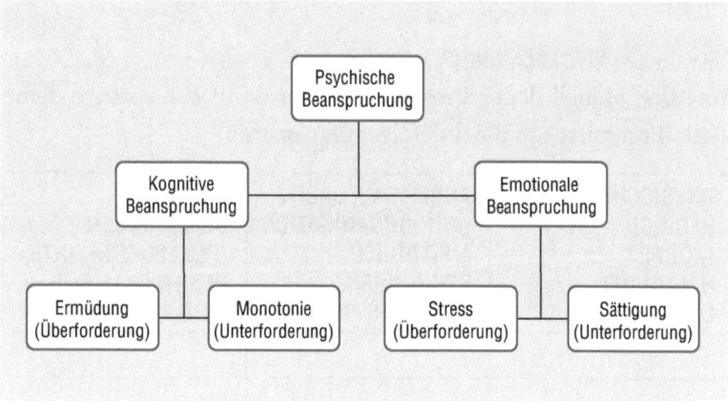

Psychische Beanspruchung und ihre Folgen (modifiziert nach: Allmer 1996)

ALARMZUSTAND! Stress bedeutet aus dem Lateinischen übersetzt »anspannen« (lat. = stringere). Merken wir, dass die einwirkenden Reize unsere derzeitige Anpassungsfähigkeit übersteigen, wird ein »Alarm« ausgelöst. – Wir befinden uns im Überlebensmodus und körperlich geht es hier um unsere Existenz. Das ist anstrengend und auf Dauer erschöpfend für unseren Körper, da wir in diesem Alarmzustand unsere gesamte Energie nach außen richten und während dieser Zeit alle inneren Prozesse (Regeneration, Immunsystem) unterbrochen sind.

Dabei kann unser Körper nicht unterscheiden, ob es sich um einen »begründeten« Alarm handelt, sodass wir uns wirklich fokussieren müssen, oder ob es ein »Fake-Alarm« ist. Leider können wir bereits durch die gedankliche Auseinandersetzung mit einer potenziellen Stresssituation den Alarmzustand ausrufen (»Bestimmt wird heute hundertmal das Telefon klingeln und ich werde wieder nichts schaffen!«). Dies tun wir natürlich nicht mit Absicht. Doch je länger wir uns rein gedanklich in potenziell belastenden Situationen aufhalten, umso aktiver arbeitet unser Körper währenddessen im Alarmzustand.

Der Alarmzustand unseres Körpers ist allein durch Gedanken auslösbar! Anders gesagt: Stress entsteht (auch) im Kopf.

Stress ist immer von einem Gefühl der Hilflosigkeit gekennzeichnet. Je weniger wir eine Idee haben, was wir tun dagegen könnten, umso mehr geraten wir unter Stress (Priess 2019, S. 25). Der gleiche Reiz kann somit

- als Herausforderung angesehen werden, sofern wir gute Hilfs-, Stressverarbeitungs- beziehungsweise Copingstrategien haben oder
- er wird als Bedrohung und Schädigung wahrgenommen, wenn wir keine oder nur unzureichende Stressverarbeitungs- beziehungsweise Copingstrategien haben.

WIR BEWERTEN DREIMAL ... Zentral für unser Stressempfinden und die daraus folgende Stressreaktion ist unsere Bewertung des Reizes! Unsere Bewertung, ob der jeweilige Reiz uns nun stresst oder nicht, läuft normalerweise in drei Schritten ab (Lazarus 2005, S. 239):

- *Schritt 1:* Bei der *primären Bewertung* nehmen wir eine erste Einschätzung vor, wie wichtig das Ereignis für uns ist. Hier fällen wir ein Urteil darüber, ob das Geschehen überhaupt Aufmerksamkeit und Maßnahmen erfordert, damit es uns weiterhin gut geht. Dabei prüfen wir auch, inwiefern wichtige, persönliche Ziele, Beziehungen und Überzeugungen betroffen sind. Theoretisch kann somit jede Situation als irrelevant, positiv oder stresshaft beurteilt werden. Schätzen wir die Situation als potenziell stresshaft ein, nehmen wir den zweiten Schritt der Bewertung vor.
- *Schritt 2:* Bei der *sekundären Bewertung* diskutieren wir dann mit uns selbst, was wir gegen die aktuell gestörte Person-Umwelt-Beziehung tun können. Dabei überprüfen wir
  - die zur Verfügung stehenden Bewältigungsoptionen (»Coping Options«: Ich kann weglaufen, losschreien, mein Befinden äußern ...) mit den jeweiligen Konsequenzen und
  - die eigenen Kompetenzen und Bewältigungsfähigkeiten (»Coping Resources«), zum Beispiel innere (Entspannungsfähigkeit) oder äußere Ressourcen (soziale Unterstützung).

- *Schritt 3:* In der letzten Stufe der *tertiären Bewertung* erfolgt über Rückkopplungsprozesse eine Neubewertung der Situation inklusive der erlebten Konsequenzen. Diese Neubewertung kann auch Veränderungen im weiteren Bewältigungsverhalten nach sich ziehen, sodass wir beispielsweise eine zuvor als Bedrohung bewertete Situation später als Herausforderung erleben können: »Eigentlich ist die Situation gar nicht so schlimm, denn ich kann Pausen machen und alles Stück für Stück abarbeiten.«

ÜBUNG

DEIN CHECK: STRESS AUF DEM PRÜFSTAND

Schritt 1a: Denke an eine Situation in der letzten Woche, die bei dir Stress ausgelöst hat. Wie lautete deine spontane, erste Bewertung?

____

____

____

Schritt 1b: Was wäre eine alternative Bewertung gewesen? Was hättest du stattdessen denken können? (Anreize dafür: Wie wichtig ist die Sache für dich? Wie hast du Ähnliches bisher gemeistert? Wie wirst du in einem Monat darüber denken?)

____

____

____

Schritt 2a: Notiere dir nun mindestens drei Optionen oder Handlungsmöglichkeiten (»Coping Options«), die du hättest nutzen können. – Sei dabei richtig kreativ.

____

____

____

Schritt 2b: Überlege nun, welche Fähigkeiten beziehungsweise Ressourcen (»Coping Resources«) du hättest nutzen können. Schreibe mindestens drei innere Ressourcen (positive Glaubenssätze, Planung, Beruhigung) und drei aus der Außenwelt abrufbare Ressourcen auf (Freunde, Sportverein, Hobbys).

INNERE RESSOURCEN	ÄUSSERE RESSOURCEN

RESSOURCEN: EUER EINSATZ! Grundlage jeder Stressverarbeitung und Burnout-Prävention ist das Vorhandensein von Ressourcen und die Fähigkeit, Ressourcen und Kompetenzen einzusetzen (Coping).

Der Begriff der Ressource wird unterschiedlich definiert:

- »eine mögliche Hilfsquelle zum Erreichen von Zielen, Zuständen, Veränderungen, Optimierungen und Ähnlichem« (Auhagen 2008, S. 6).
- »alle Faktoren, die einer Person helfen, Arbeitsziele zu erreichen, Arbeitsanforderungen oder -stressoren zu verringern […] und die der Persönlichkeitsentwicklung dienen« (Schuster/Haun/Hiller 2011, S. 51)

Ressourcen können und sollten wir jeden Tag »in der Tasche« haben. Wenn uns viele Reize begegnen, ist der schnelle Zugriff natürlich umso wichtiger. Dabei ist zu beachten, dass Ressourcen in *allen* vier Phasen des Stressprozesses in unterschiedlicher Weise von uns ganz aktiv zum Einsatz gebracht werden können.

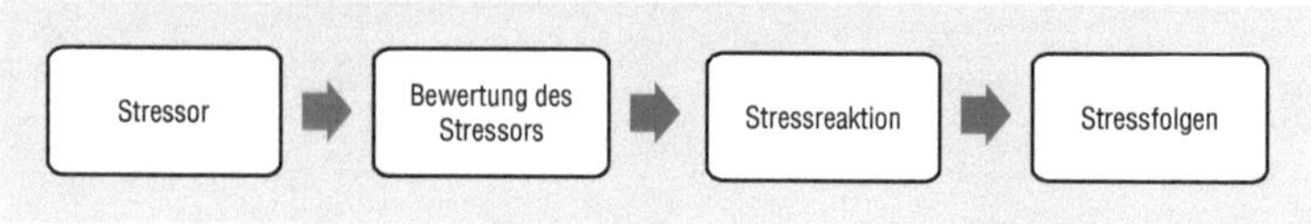

Der Stressprozess (modifiziert nach: Schuster u.a., 2011, S. 51)

Je nachdem, wo wir uns im Stressprozess gerade befinden, gibt es unterschiedliche Ziele, die wir mithilfe unserer Ressourcen erreichen können. Bereits durch die ressourcenbedingte Veränderung der Sichtweise auf den einwirkenden Reiz (potenziellen Stressor) können wir schon zu Beginn des Stressprozesses in Phase 1 einen indirekten Effekt initiieren. Dabei können wir uns zum Beispiel vor Augen führen, dass wir – egal, was kommt – einen Haufen Ressourcen in unserem »Ressourcenkoffer« haben, die jederzeit nutzbar sind. Mit dieser Gewissheit können wir uns selbst ein »Sicherheitssignal« senden. So gewinnen wir während der Bewertung des Stressors Zeit und greifen bereits bewusst moderierend in den Prozess ein (Phase 2).

TIPP: Hierfür kannst du sehr gut die fünf Schritte im Reiz-Reaktions-Modell aus der dritten Stufe nutzen: Stopp, Atmen, Wahrnehmen, Nachdenken = Welche Optionen habe ich? Welche Fähigkeiten habe ich? → Reaktion.

Und selbst wenn du dich schon mitten in einer Stressreaktion befindest (Phase 3), kannst du diese durch den aktiven Einsatz von Ressourcen wie Achtsamkeit und Entspannung vermindern und weitere Stressfolgen abpuffern (Phase 4). Das nachfolgende Schaubild zeigt auf, welches Ziel durch den Einsatz von Ressourcen im Stressprozess erreicht werden kann und welche Ressourcen und Kompetenzen hier konkret zum Einsatz gebracht werden können.

	Stressor	**Bewertung der Stressors**	**Stressreaktion**	**Stressfolgen**
Effekte durch den Einsatz von Ressourcen	Veränderung des Stressors (indirekter Effekt)	Sicherheitssignal (Moderatoreffekt)	Verminderung von Stressreaktionen (direkter Effekt)	Direkter positiver Effekt auf das Wohlbefinden
Kompetenzen	Problemlösekompetenz Zeitmanagementkompetenz Konfliktmanagementkompetenz kommunikative Kompetenz Proaktivität	Bewertungskompetenz Akzeptanz von Unveränderlichem Selbstwirksamkeit	Achtsamkeit Entspannung	Erholungskompetenz

Effekte und einsetzbare Ressourcen beziehungsweise Kompetenzen im Stressprozess (modifiziert nach Schuster u. a., 2011, S. 51)

JEDER BLICK IST EIN GUTER BLICK. Generell haben wir Menschen zwei Richtungen, in die wir beim Umgang mit potenziellem Stress schauen können: zum Problem oder zu unserer Emotion.

- Blickrichtung Problem: Wie kann ich das Problem lösen?
  - Situation analysieren
  - Handlungsoptionen mehren
  - Lösungsalternativen suchen
- Blickrichtung Emotion: Wie kann ich meine empfundene Belastung lindern? Zum Beispiel:
  - positive Selbstinstruktion
  - Musik, Bewegung (Ablenkung)
  - Meditation (Spannungsreduktion)

Impulsiv wollen wir das Problem am liebsten loswerden und wenden uns somit oft dem problemorientierten Coping im Außen zu. Meistens scheint es leichter, das Problem zu eliminieren. Doch dies ist nicht immer möglich (Kollege X wird morgen wiederkommen ...). Immer möglich ist es jedoch, dass wir in unserer Innenwelt arbeiten. Mit der Blickrichtung auf unsere Emotion und Ressourcen stärken wir uns selbst, ohne die Außenwelt verändern zu müssen. Alles, was wir intrapsychisch, also in uns selbst, verändern können, macht uns unabhängig vom Außen. Egal, mit welchen Personen in welcher Situation wir uns befinden: Was wir *immer* tun können ist,

- Atmen,
- uns positiv zusprechen, dass wir richtig und wichtig sind und
- uns ein inneres Lächeln schenken.

KONKRETER EINSATZ DES MODELLS IM COACHING

Lass dir von deinen Coachees eine konkrete Situation beschreiben, die sie gestresst haben. Gemeinsam könnt ihr euch anhand des Stressprozesses anschauen, welche Kompetenzen er oder sie in der jeweiligen Phase genutzt hat:

- Welche Kompetenzen haben die Coachees unbewusst direkt eingesetzt?
- Was hat der Einsatz dieser Ressourcen bewirkt? Wie haben sie sich dabei gefühlt?
- Welche inneren Ressourcen (Kompetenzen, Fähigkeiten, Gedanken) hätten sie zusätzlich nutzen können? Welche davon liegen in deren »Werkzeugkoffer« schon bereit, welche gilt es, neu zu etablieren beziehungsweise weiterzuentwickeln?
- Auf welche äußeren Ressourcen können deine Coachees zurückgreifen? Was sind gegebenenfalls Hürden, diese auch wirklich zu nutzen?

UNSERE ERFAHRUNG: RESSOURCEN AUF DER WÄSCHELEINE

Wir alle haben eine Fülle von Ressourcen zur Verfügung – innere, äußere, auf der Ebene von Gedanken, Gefühlen und Verhalten. Verallgemeinernd tat es bislang *jedem* unserer Coachees gut, sich die Vielfalt und die Vielzahl der eigenen Ressourcen bewusst vor Augen zu führen. Dies kann im Coaching selbst erfolgen, in der gemeinsamen Reflexion im Freundeskreis, in der Familie, mit Kolleginnen und Kollegen, durch die Reflexion der Erfahrungen bezüglich verschiedener Lebensereignisse, durch Selbstbeobachtung für einen bestimmten Zeitraum, durch das Stapeln von Ressourcen mit anderen: Was sehe ich in dir für Stärken?

Um die Bewusstheit zu verstärken und auch, um schnellen Zugriff in stürmischen Zeiten zu haben, sind haptische Visualisierungen eine echte Hilfestellung. Dies kann eine Auflistung an einer Pinnwand sein, Zettel in einer gut sichtbaren Ressourcenschatzkiste oder beschriftete Steine in einer Schale. Im beruflichen Kontext können gemeinsam erarbeitete Teamressourcen zum Beispiel mit kleinen Wäscheklammern an einem Band im Aufenthaltsraum aufgehängt und somit für alle gut sichtbar gemacht werden.

Das Sichtbarmachen ist eine große Hilfestellung, weil es in unsere erste Stufe der Selbstbewusstheit einzahlt! Besonders gut eigenen sich Objekte oder Bilder als Repräsentanzen der Ressource. Auch Sprachbilder (Metaphern) sind hier hilfreich, da sie das emotionale Erfahrungsgedächtnis ansprechen und die intuitive Verhaltenssteuerung unterstützen.

STOPP! VIER SCHRITTE FÜR EIN GRÖSSERES ICH. Aus der Burnout-Forschung wissen wir, dass unsere Distanzierungsfähigkeit eine der wesentlichsten Ressourcen ist, um nicht in einen Burnout zu gelangen. Grenzen zu setzen heißt in dem Moment, Distanz aufzubauen. Distanz zu Erwartungen, Wünschen und Bedürfnissen von mir und insbesondere auch von denen meiner Mitmenschen. Zum einen wirst du ein anderes Nähe-Distanz-Bedürfnis haben als wir. Zum anderen nähren wir unseren Selbstwert auch aus der Bestätigung und Anerkennung von anderen. Je mehr wir davon haben möchten, desto mehr müssen wir doch Dinge für andere Menschen tun, für die wir dann hoffentlich gelobt und geliebt werden! Es ist somit nachvollziehbar, dass uns das Neinsagen nicht in die Wiege gelegt ist und es Arbeit erfordert, dies zu etablieren. Folgende vier Schritte könnten diesbezüglich unterstützend wirken.

- *Schritt 1: Warum?* → Abgrenzung ist Bedingung für Gesundheit! Um Kraft zu tanken, müssen wir uns erholen. Wie im Phasenmodell der Erholung von Allmer (1996) deutlich wird, unterliegt unser Leben (normalerweise) einem Wechselspiel aus Beanspruchungs- und Erholungsphasen. Sofern wir diese Phasen fließen lassen, hat unser Organismus die Chance, sich zu regenerieren und sich voll aufgetankt auf die nächste Phase der Beanspruchung einzustellen. Der Haken an der Sache ist der: Solange wir uns von einer vorausgegangenen Beanspruchung nicht räumlich, kognitiv und emotional distanziert haben, hat unser Körper keine Chance für Regeneration. Ob wir wollen oder nicht, ist unsere Distanzierungsfähigkeit die Bedingung dafür, dass wir uns erholen können. Tun wir dies nicht, können wir nicht voll in unserer Kraft sein, und mittelfristig nehmen wir uns die Möglichkeit, gesund zu bleiben.

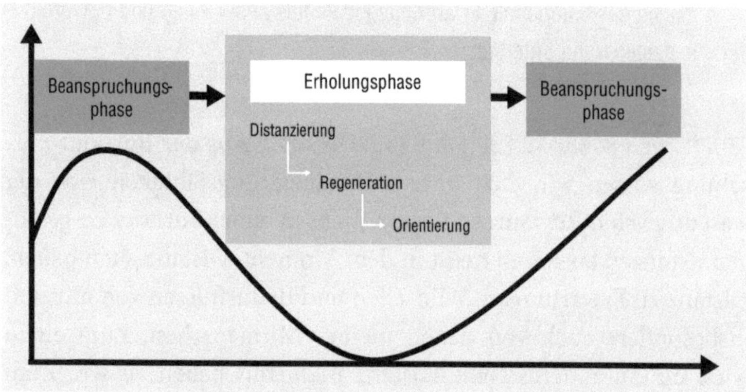

Phasenmodell der Erholung (modifiziert nach: Allmer 1996)

- *Schritt 2: Was?* → Davon möchte ich mich (eigentlich) abgrenzen! Dass wir uns von einem nervenaufreibenden Meeting oder von einer von Überstunden-geprägten Woche distanzieren möchten, ist logisch. Doch wie sieht es mit Wünschen und Erwartungen unserer Mitmenschen aus, wenn unsere Kollegin uns zum vierten Mal fragt, ob wir ihr etwas kopieren können, unser Nachbar schon wieder meint, wir passen selbstverständlich auf seinen Hund auf oder unsere Mutter selbstverständlich davon ausgeht,

dass wir Sonntag wieder zum Kaffee kommen …? Sich selbst bewusst zu machen, welche Erwartungen und Wünsche wir und andere(!) an uns stellen, ist auch hier ein wichtiger Schritt. Danach lohnt es sich, mit einem Stoppschild zu visualisieren, wovon ich mich abgrenzen möchte.
Denke daran: Begrenzung ist die Voraussetzung für ein gesundes Leben.

ÜBUNG

DEIN CHECK: STOPP!

Zu welchen Anfragen, Erwartungen und Wünschen würdest du am liebsten Nein sagen?

___

___

___

Wann ist es schwer für dich, dich davon abzugrenzen?

___

___

___

Wann gelingt es dir leicht, dich davon abzugrenzen?

___

___

___

- *Schritt 3: Wofür bin ich stattdessen?* → Ein Nein zu X ist ein Ja zu mir!
  »Nein, ich werde heute keine Überstunden machen.« Erlaubst du dir, das zu sagen? Mit welchem Recht sagst du das? Was ist denn wichtiger als das Projekt und die Anforderungen von deiner Chefin? Solange wir meinen, *alles* andere ist wichtiger als wir selbst, können wir nicht Nein sagen. Um Abgrenzung zu lernen, müssen wir uns groß machen – *uns* Selbst, *unsere* Bedürfnisse, *unsere* Wünsche, *unsere* Werte! An dieser Stelle im Coaching herrscht zunächst oftmals Schweigen. »Bin ich es wert?«, ist die dahinterliegende Frage. Unsere Aufgabe an dieser Stelle ist es, die eigene Wichtigkeit und die eigenen Werte in den Vordergrund zu stellen. Die Definition meiner eigenen Werte ist wiederholend wichtig für die Stärkung unserer Resilienz und unseres Selbstwertes. Für welche unserer Werte wir einstehen, wenn wir Nein sagen, sollten wir uns konkret vor Augen führen. Auch die Arbeit mit Glaubenssätzen ist hier wieder einmal goldrichtig für unsere Coachees.
- *Schritt 4: Wie?* → Ich sage eindeutig, was ich (nicht) will!
  Da wir und auch unser Umfeld es unter Umständen nicht gewohnt sind, dass wir etwas nicht (mehr) tun, ist unsere eindeutige Sprache wichtig, wenn wir uns denn für ein Nein entschieden haben. Unserem Gegenüber ist nicht damit geholfen, dass wir Kopien nicht machen, nicht auf den Hund aufpassen und am Sonntag nicht zum Kaffeetrinken kommen. Sie fühlen sich gegebenenfalls nicht wertgeschätzt und vielleicht versuchen sie zudem, unsere Entscheidung infrage zu stellen oder geringzuschätzen: »Ach, dann ist dir dein Sofatag wohl wichtiger als ich!«.
  Hier hilft Folgendes:
  - Innehalten
  - Atmen
  - Anerkennen, dass unser Gegenüber mit einem Thema zu kämpfen hat: Zum Beispiel kann es um den eigenen Selbstwert gehen oder um Bedürfnisse nach Wertschätzung und

Zugehörigkeit. Gegebenenfalls ist meine Klarheit ein Auslöser für sie oder ihn.

- Distanzieren, das heißt, bei mir bleiben, denn ich bin klar in meinem Nein zu meinem Gegenüber und Ja zu mir und nehme das »Geschenk« nicht an, mit auf dessen Spielfeld einzusteigen.
- Zuhören und nichts weiter sagen (mit meiner Energie bei mir bleiben)
- Das Gesagte kann auch kurz und konkret wiederholt werden. Hier kannst du wunderbar die fünf Ks der Rhetorik und die Schallplatte mit Sprung aus unserer Stufe 3 anwenden.

ÜBUNG

DEIN CHECK: COPING FÜR DICH TO GO

Unsere Kernpunkte:

- Die Aussage »Ich bin im Stress« kann unterschiedliche Absichten beinhalten.
- »Reizereignisse« in unserem Alltag können Stress auslösen, müssen es aber nicht.
- Stress ist für unseren Körper extrem anstrengend und allein durch Gedanken auslösbar.
- In jeder Phase des Stressprozesses können wir Ressourcen zum Einsatz bringen und unseren Körper wieder beruhigen.
- Emotionsregulierendes Coping steht uns unabhängig von der Außenwelt immer zur Verfügung.
- Distanzierung ist notwendig für Erholung.
- Um Nein zu sagen, muss ein größeres Ja bewusst erarbeitet sein.

Kernsätze – Soulfood:

- Ich bin richtig und wichtig!
- Stopp ist top!
- Ich darf das!
- Ich darf auch Nein sagen!

Deine Punkte:

____

____

____

FOOD FOR THOUGHT

- Schmidt, G. (2013): Menschen erschöpft. Organisationen erschöpft. Führung, was nun? Video (YouTube).
  Hier geht es im Kontext Stress und Coping um Ambivalenzen, Selbstabwertung, eigene Bedürfnisse und Begrenzung als Voraussetzung für gesundes Leben. Ein einstündiger Vortrag mit verständlicher Tiefe.
- Schuster, N./Haun, S./Hiller, W. (2011): Psychische Belastungen im Arbeitsalltag.
  Trainingsmanual zur Stärkung persönlicher Ressourcen. Weinheim: Beltz. Fachliche Tiefe sehr praxisnah mit vielen Arbeitsblättern aufgebaut.

Übungen Stufe 6: Coping

Die Übungen für die sechsten Stufe Coping« sind:

- Gedankenblume Stress *
- »Auch ohne Stress bin ich wichtig und wertvoll« *
- Raus aus dem Stress *
- Bedürfnisse
- Meine persönliche Bedürfnissammlung
- Dankbarkeit *
- Das Glück deines Lebens ... *

Hier im Buch sind wieder diejenigen Übungen enthalten, die mit einem Sternchen * gekennzeichnet sind. Alle Übungen zum Ausdrucken und Bearbeiten erhältst bei den Online-Materialien.

ÜBUNG STUFE 6: GEDANKENBLUME STRESS

Wenn du gut mit Stress umgehen möchtest – und das ist für deine persönliche Resilienz sehr wichtig –, dann ist es gut, wenn du weißt, was du genau unter Stress empfindest. Lasse deine Gedanken blühen, nimm dir Zeit und trage deine Antworten in die Gedankenblume auf der nächsten Seite ein.

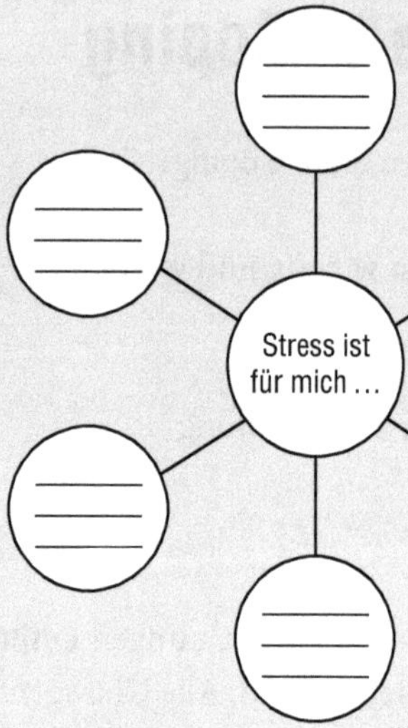

Was macht dir Stress? Schreibe auf, was dir oftmals Stress macht. Sei wirklich ehrlich mit dir!

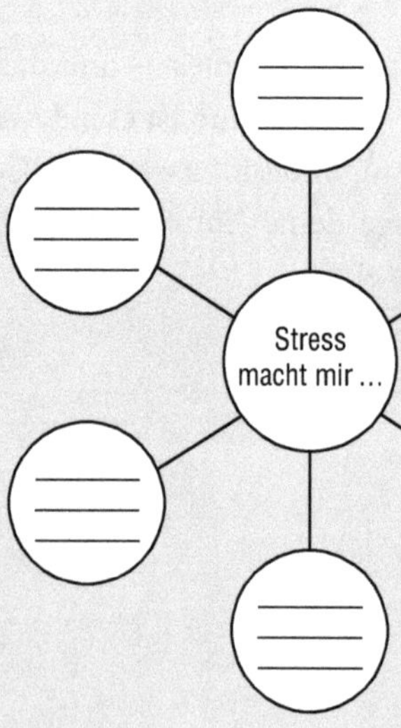

ÜBUNG STUFE 6: »AUCH OHNE STRESS BIN ICH WICHTIG UND WERTVOLL!«

Die folgenden Aussagen beziehen sich auf deine Einschätzung darüber, wie du mit Stress umgehst und welche Überzeugungen du über dich im Stress hast. Kannst du deinen Stress gut bewältigen? Ist es ein Statussymbol? Sind Menschen, die spätabends noch E-Mails schreiben, besonders wichtig? Trage in die folgende Übersicht deine Bewertungen ein (Engelmann 2013a, S. 137).

WENN ICH STRESS HABE, ...	1	2	3	4
kann ich trotzdem gut entspannen				
spüre ich den Stress auch körperlich				
versuche ich ganz bewusst, abzuschalten				
plane ich schon im Voraus Auszeiten ein, damit es nicht zu schlimm wird				
gelingt es mir leicht, meinen Akku wieder aufzuladen				
bleibe ich ganz ruhig, atme tief durch und überlege mir, was ich nun tun kann				
mache ich mir selbst Mut, dass ich das schon schaffe				
achte ich verstärkt darauf, mich auch wieder zu entspannen				
sorge ich für einen Ausgleich in meiner Freizeit				
weiß ich, dass auch wieder bessere Zeiten kommen – ich bin sturmerprobt ...				
betrachte ich das manchmal auch als Statussymbol				
fühle ich mich alles andere als resilient				
fühle ich mich manchmal richtig wichtig				
fühle ich mich gebraucht				
weiß ich, auch ohne Stress bin ich wichtig und wertvoll				

ÜBUNG STUFE 6: RAUS AUS DEM STRESS!

ANREGUNG FÜR DICH: RAUS AUS DEM STRESS

Als Vorbereitung für diese Übung empfiehlt sich die Ressourcenarbeit, damit deine Coachees auf ihre Ressourcen zugreifen können.

Wenn du zum Beispiel bemerkst, dass deine Klientin heute voll im Stress ist, dann solltest du sie darin unterstützen, zunächst einmal in einen »guten Zustand« zu kommen. Erst wenn sie in einen guten Kontakt zu ihrem eigenen Selbst gekommen ist, ist es sinnvoll, mit dem eigentlichen Coaching zu beginnen. Dann kann der Aufbau einer sicheren Position erfolgen.

Der gute Kontakt zum eigenen Selbst für die Klientinnen und Klienten basiert dabei auf den folgenden drei Elementen.

- *Erstens: Somatische Zentrierung.* Um das zu erreichen, lasse sie zunächst Atem, Wirbelsäule, Bauch, Herz … ganz bewusst wahrnehmen. Sie sollen sich fragen:
  - Wie geht mein Atem?
  - Wie sitze beziehungsweise stehe ich?
  - Und dann lenke bewusst ihre Aufmerksamkeit auf die Fußsohlen, die Unterseite der Arme …
- *Zweitens: Kontakt zu den eigenen Ressourcen herstellen.* Hier gilt es die Ressourcen per Vorstellungskraft präsent werden lassen.
- *Drittens: Intentionen positiv formulieren*
  - Die verbale Aussage wird umformuliert: positiv, knapp, fünf Wörter oder weniger, resonant
  - Ein visuelles Bild wird erstellt: Farbe, Symbol …
  - Schließlich noch ein somatisches Abbild festgelegt: Haltung, Geste, Bewegung …

Von diesem positiv erlebten Zustand aus kann der Aufbau einer sicheren Position erarbeitet werden. Es bietet sich an, mehrere Sinneskanäle anzusprechen. Die folgenden Leitfragen sind dabei sehr hilfreich:

- Welche inneren Vorstellungen werden als unterstützend erlebt?
- Welche Geste oder Körperbewegung wird als unterstützend erlebt?

- Wo sind die eigenen Ressourcen in der inneren Vorstellung räumlich verortet, sodass sie optimal unterstützend wirken?
- Wie lässt sich die eigene Grenze vorstellen? Als Bannkreis, Schutzhülle …?
- Wo sind die realen Herausforderungen auf der Ebene inneren, räumlichen Erlebens so platziert, dass sie weniger bedrohlich wirken? Welche Nähe-Distanz-Regulation hilft?
- Welche weiteren positiven Assoziationen gehen damit einher?
- Wie reagiert der Organismus auf der unwillkürlichen Ebene darauf?

Das kannst du natürlich auch für dich selbst anwenden, wenn du das Gefühl hast, heute voll im Stress zu sein …

ANLEITUNG DER ÜBUNG: Im Coaching kannst du deine Klientinnen und Klienten mit folgenden Worten durch die Übung begleiten: »Du kannst dich selbst dabei unterstützen, aus dem Stress herauszukommen, indem du einen guten Kontakt zu dir selbst aufbaust. Dafür gehe zunächst einmal die folgenden drei Schritte durch und beantworte die Fragen.

Schritt 1: Bewusstes Wahrnehmen.

- Nimm bewusst deinen Atem wahr. Ist er schnell? Ist er langsam? Ist er regelmäßig?
- Nimm bewusst wahr, wie du gerade im Moment sitzt beziehungsweise stehst.
- Lege nun bewusst die Aufmerksamkeit auf die Fußsohlen, dann auf die Unterseite der Arme …

Schritt 2: Dann stelle dir einmal eine deiner kraftvoller Ressourcen vor. Deine Ressourcen umfassen alle deine inneren Potenziale, über die du verfügst und auf die du zurückgreifen kannst, damit es dir besser geht. Darunter fallen deine Fähigkeiten, deine Kompetenzen, deine Stärken, deine Talente, deine Fertigkeiten und vieles mehr.

- Welche Ressourcen kommen dir in den Sinn?
- Wo kannst du deine Ressourcen einsetzen?

Schritt 3: Formuliere ein Ziel, das positiv für dich ist. Du kannst dir beispielsweise vorstellen: »Ich bin ein entspannter Seestern.«

- Wie lautet dein positiv formuliertes Ziel?
- Verknüpfe dein Ziel mit einer Farbe oder einem Symbol.
- Nimm nun (in Gedanken) die für dich dazu passende Körperhaltung ein.

Die folgenden Fragen werden dir sicherlich wunderbar helfen. Schreibe dir deine Antworten auf.

Welche inneren Vorstellungen oder Bilder erlebst du als unterstützend?

Welche Geste oder Körperbewegung erlebst als unterstützend?

Wo siehst und fühlst du deine Ressource in deiner inneren Vorstellung, sodass sie dich optimal unterstützt?

Was verändert sich für dich dadurch?

___

___

___

Wie fühlst du dich nun?

___

___

___

Inwiefern fühlst du dich nun kraftvoller?

___

___

___

ÜBUNG STUFE 6: DANKBARKEIT

»Nicht die Glücklichen sind dankbar, es sind die Dankbaren, die glücklich sind.« Dieses Zitat von Francis Bacon greifen wir in dieser Übung auf. Dein persönliches Dankbarkeitspuzzle wird dir richtig guttun,

- wenn du das Gefühl hast, dass dir alles über den Kopf wächst,
- wenn du das Gefühl hast, dass alles viel zu viel ist,
- wenn du das Gefühl hast, dass du morgens am liebsten gleich wieder zu Bett gehen möchtest.

Trage in die Puzzlestücke alles ein, wofür du dankbar bist. Das kann ein Sonnenstrahl sein, das Zwitschern der Vögel, ein Herzensmensch, die Tatsache, dass du deine Zähne putzen kannst, deine Gesundheit, ein Kompliment oder einfach ein gutes Gefühl – was immer es ist, erstelle dir dein eigenes Dankbarkeitspuzzle. Bei Bedarf schau darauf und atme voller Dankbarkeit ein und aus – das reicht.

ÜBUNG STUFE 6: DAS GLÜCK DEINES LEBENS …

»Das Glück deines Lebens hängt von der Beschaffenheit deiner Gedanken ab« Marcus Aurelius. – Und wir fügen diesem Zitat von Marcus Aurelius hinzu: Glück ist der Motor für all unser Handeln. Alles, was wir tun, tun wir, um glückliche Augenblicke zu empfinden. Ob unbewusst oder bewusst … Wenn wir glücklich sind, können wir nicht gleichzeitig gestresst sein.

Lies die folgenden Zitate durch und trage darunter ein, was genau du über diese Sätze denkst, was sie in dir auslösen und inwiefern sie dich zum Glücklichsein inspirieren. Denk daran, Glück ist auf dem anderen Ende der Skala von Stress! Jeder Gedanke, den du zum Thema Glück denkst, ist sozusagen stressmindernd oder sogar vermeidend.

»Es ist schwer, das Glück in uns zu finden, und es ist ganz unmöglich, es anderswo zu finden.«

Nicolas Chamfort

___

___

___

»Glückliche Tage sind kurz.«

Indische Weisheit

___

___

___

»Man weiß selten, was Glück ist, aber man weiß meistens, was Glück war.«

Françoise Sagan

___

___

___

»Das Glück beruht oft nur auf dem Entschluss, glücklich zu sein.«

Lawrence Durell

»Menschen zu finden, die mit uns fühlen und empfinden, ist wohl das schönste Glück auf Erden.«

Carl Spitteler

»Glück ist kein Geschenk der Götter, sondern die Frucht einer inneren Einstellung.«

Erich Fromm

Stufe 7: Lebensfreude

AUF EINEN BLICK

»Lebensfreude strömt in jede Zelle wie ungehinderter Atem« (Else Pannek).

Lebensfreude fällt in das große Feld der Emotionspsychologie und umfasst das subjektive Empfinden, sich von Herzen seines Lebens zu freuen. Wenn wir Lebensfreude empfinden, dann fühlen wir uns in unserem Leben zu Hause: Wir fühlen uns am richtigen Platz und im richtigen Leben. Lebensfreude steht für ein tiefes inneres Ja zu uns und unserem Leben!

Lebensfreude bedeutet für uns darüber hinaus, dass wir die Fähigkeit und die Bereitschaft haben, diese tiefe Freude über unser Leben empfinden zu können und zu wollen. Wenn wir uns unseres Lebens freuen, dann strömt diese Freude in jede Zelle unseres Körpers!

Lebensfreude ist einerseits eine Emotion, die unter der Basisemotion Glück subsummiert ist und zu unserem Glücksgefühl beiträgt. Andererseits beschreibt sie die Kompetenz, dass wir uns auch in schwierigen Zeiten unseres Lebens freuen und das Gefühl von Lebensfreude wahrnehmen können und wollen, weshalb sie einen großen Einfluss auf unsere innere Stärke, unsere Resilienz hat.

Damit unsere Coachees lernen, mehr Lebensfreude zu empfinden, ist es überdies von großer Bedeutung, dass sie eine konkrete Vorstellung davon erhalten, welchen großen Einfluss sie selbst mit ihren Gedanken auf ihre Gefühle haben.

THEORETISCHER INPUT

Lebensfreude ist eine durch und durch positive Emotion, die wir wahrnehmen können. »Wahrnehmung ist bewusste sensorische Erfahrung« (Goldstein 2015). Mit unseren fünf Sinnen Sehen, Hören, Riechen, Schmecken, Tasten nehmen wir unsere Innen- und Außenwelt wahr.

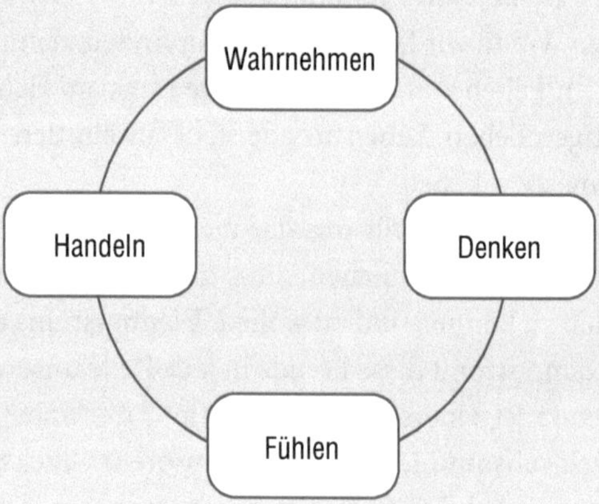

Wahrnehmen, Denken, Fühlen und Handeln hängen eng miteinander zusammen. Wir nehmen etwas wahr und machen uns dazu Gedanken, die einen großen Einfluss auf unsere Gefühle und dann auch auf unser Verhalten haben.

Wenn wir lernen, den Scheinwerfer unserer Aufmerksamkeit und Wahrnehmung auf positive Emotionen zu lenken, werden wir mehr Lebensfreude in unserem Leben haben! Die Folge von Lebensfreude ist so positiv, dass sie eine Aufwärtsspirale in unserem Inneren in Gang setzt. Schauen wir uns diese Aufwärtsspirale und die Wirkung, die gefühlte Lebensfreude entfaltet einmal genauer an:

- *positive Effekte*, die sich spürbar auf unser *Selbstwertgefühl* auswirken,

- eine *Depotwirkung*, weil wir auch in schwierigen Zeiten davon profitieren können und
- *Glücksgefühle*, die wichtig für unsere *innere Stabilität* sind,
- weshalb wir wieder mehr Lebensfreude empfinden können.

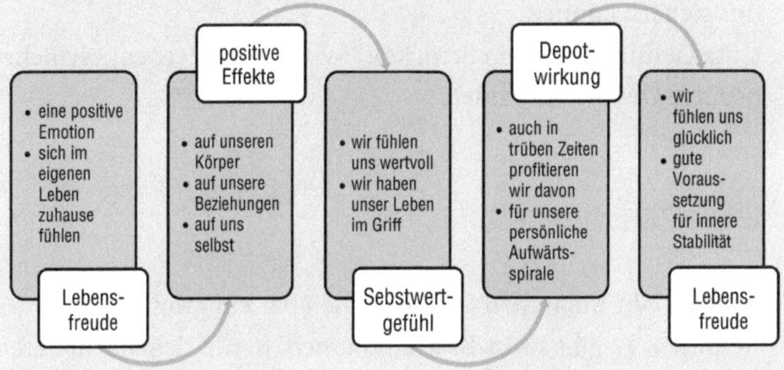

(Nach: Engelmann 2019)

EMOTIONEN IN UNSEREM LEBEN. Damit wir resilient sind, ist es wichtig, dass wir Menschen einen guten Zugang zu unseren Gefühlen haben.

- Gefühle sind in uns angelegt.
- Alle Gefühle haben ihre Berechtigung und wollen gefühlt werden.
- Gefühle sind für unser (Über-)Leben wichtig – sie sind kein Luxus der Natur.
- Gefühle haben einen großen Einfluss auf unsere Motivation und somit auf unser Verhalten.
- Wir kommunizieren über unsere Gefühlsausdrücke mit unseren Mitmenschen.
- Gefühle regulieren unsere sozialen Interaktionen.
- Gefühle schaffen Verbundenheit zwischen Menschen.
- Unsere Gefühle sind eng mit unserem Körper verknüpft!

- Körperhaltung ist Geisteshaltung – unser Körper spricht eine eindeutige Sprache.
- Gefühle bestimmen unsere Wahrnehmung von Vergangenheit, Gegenwart und Zukunft.
- Wir müssen uns mit unseren Gefühlen gut auskennen, damit wir uns steuern können!
- Gute Gefühle sind kein Schicksal! Wir können lernen, vermehrt positive Gefühle zu fühlen.

GRUNDKURS GEFÜHLE

THE BIG SIX. Wir Menschen verfügen alle über ein großes Repertoire an Gefühlen. Es gibt sechs Basisemotionen, in die sich alle anderen uns bekannten Gefühle verbergen – sie werden als »The Big Six« bezeichnet.

Der Anthropologe und Psychologe Paul Ekman hat 1969 zum ersten Mal den Begriff »The Big Six« geprägt. Im Laufe der letzten Jahrzehnte wurde die Liste mit Basisemotionen immer wieder verändert – auch von Ekman selbst. So zählen einige Wissenschaftler Liebe und Eifersucht, andere auch Verachtung zu den Basisemotionen. Es gibt eine Reihe von Kriterien, die darüber entscheiden, ob Gefühle als Basisemotionen bezeichnet werden. Die entscheidenden Hauptkriterien sind

- der Gesichtsausdruck, der mit der Basisemotion einhergeht sowie
- die Tatsache, dass sie weltweit – unabhängig von Kultur, Sozialisation, Erziehung und Umwelt – entschlüsselt werden können.

Aufgrund der Eindeutigkeit der »Big Six« und den dazugehörigen Kriterien ist der aktuelle Stand der Forschung, dass es sechs Basisemotionen gibt.

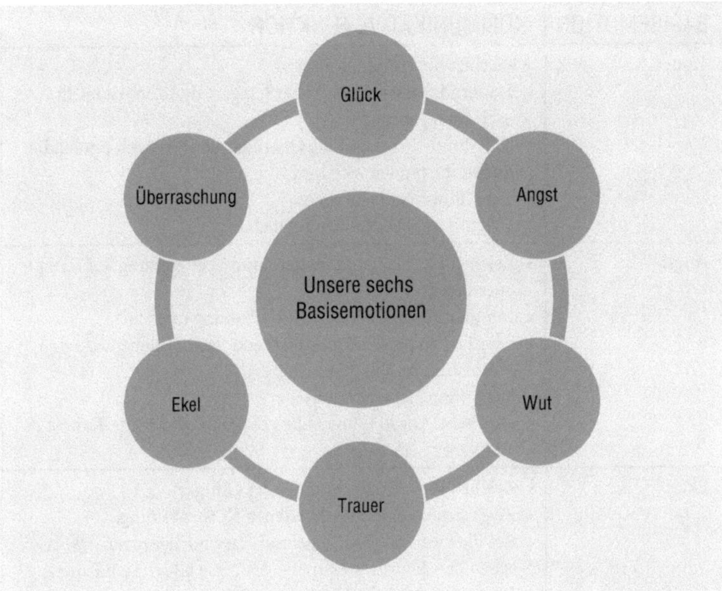

Gefühle sind für die zwischenmenschliche Kommunikation unentbehrlich. Zu jeder Emotion gehören eine spezifische Mimik, Gestik und Körperhaltung, die wir für unsere nonverbale Kommunikation benötigen.

Die folgende Übersicht stammt auch dem Buch »Therapie Tools Positive Psychologie« (Engelmann 2022).

BASISEMOTION	KOMMUNIKATIVE FUNKTION
Wut	• Zeichen für Grenzverletzung • Die Körperhaltung ist drohend, wild gestikulierend. • Wut ist an heruntergezogenen Augenbrauen und zusammengekniffenen Augen abzulesen. • Die Stimme ist laut. • »Achtung, du überschreitest meine Grenzen! Ein Schritt weiter und es wird für dich unangenehme Konsequenzen haben.«

BASISEMOTION	KOMMUNIKATIVE FUNKTION
Trauer	• Zeichen für erlittenen Verlust • Trauernde lassen die Schulter hängen, der Kopf ist leicht nach vorn gebeugt. • Die Mundwinkel und die Oberlider hängen nach unten, die Augen starren vor sich hin. • Die Stimme ist weinerlich. • »Ich bin traurig. Kannst du mich trösten?«
Angst	• Zeichen für Alarmbereitschaft und Vorbereitung auf Kampf oder Flucht • Der ganze Körper ist in Abwehrhaltung und starr. • Angst ist an geweiteten Augen und nach hinten gezogenen Mundwinkeln ablesbar. • Die Stimme ist zittrig, leise. • »Ich habe Angst! Ohne Hilfe schaffe ich das nicht. Kannst du an meiner Seite sein?«
Ekel	• Zeichen für Unangenehmes oder Giftiges • Zeigt sich an einer geschlossenen Körperhaltung. • Bei Ekel werden Oberlippe und Nase hochgezogen, zwischen den Mundwinkeln und der Nase bilden sich Falten. • Die Stimme drückt Abscheu aus. • »Uah! Das ist unangenehm. Finger weg davon!«
Überraschung	• Zeichen für eine neue, unerwartete Situation – ob gut oder eher nicht so gut … • Die Körperhaltung ist für einen Augenblick starr. • Weit geöffnete Augen sowie ein leicht geöffneter Mund verraten Überraschung. • Die Stimme ist »tonlos« oder »schrill«. • »Oh, damit habe ich jetzt nicht gerechnet!«
Glück	• Zeichen für Freude • Die offene, aufgeschlossene Körperhaltung ist verbunden mit einer aufrechten Körperhaltung. • Bei überschäumender Freude könnten wir die ganze Welt umarmen. • Glückliche Menschen lächeln und die Augen »strahlen«. • Die Stimme ist euphorisch und hell. • »Ich fühle mich gut und bin bereit für gute Beziehungen!«

Nun hast du den Grundkurs Gefühle absolviert – im Folgenden hast du noch die Möglichkeit, einen Gefühls-Check zu machen. Nimm dir einen Augenblick Zeit für dich und deine Gefühlswelt.

ÜBUNG

DEIN CHECK: GEFÜHLS-CHECK

Welches Gefühl nimmst du *jetzt* wahr, während du dieses Kapitel liest?

____

____

____

Welches Gefühl habe ich gerade?

____

____

____

Und welches noch?

____

____

____

Und welches noch?

____

____

____

Und welches noch?

____

____

____

Wie geht es meinem Körper jetzt gerade?

____

____

____

Was habe ich über Gefühle gelernt?

____

____

____

Was habe ich über mich und meine Gefühle gelernt?

____

____

____

Unter Emotion versteht Ekman (2010, S. 18) dabei einen »Prozess, eine spezielle Art von automatischer Bewertung der Lage, die von unserer evolutionären und persönlichen Vergangenheit beeinflusst ist. Durch sie nehmen wir wahr, wenn sich etwas für unser Wohlbefinden Bedeutendes ereignet, woraufhin sich eine Reihe von physiologischen Veränderungen und emotionalen Verhaltensweisen der Situation anzunehmen beginnen.« In der Alltagssprache werden die Wörter Gefühl und Emotion meistens synonym verwendet – wir handhaben das in diesem Buch ebenfalls so. Dennoch möchten wir der guten Ordnung halber eine Definition beider Begriffe vornehmen.

GUT ZU WISSEN: DIE VIER KOMPONENTEN EINER EMOTION

DEFINITIONEN

- Eine *Emotion* ist laut Zimbardo und Gerrig (2004, S. 547) »ein komplexes Muster von Veränderungen; es umfasst physiologische Erregung, Gefühle, kognitive Prozesse und Verhaltensreaktionen als Antwort auf eine Situation, die als bedeutsam wahrgenommen wurde.«
- Ein *Gefühl* ist also eine von vier Komponenten einer Emotion.

UNTERSCHIED

- *Eine Emotionist unbewusst:* Sie ist eine automatische, von uns nicht steuerbare Antwort des Körpers auf eine bestimmte Situation, zum Beispiel das Erröten der Gesichtshaut.
- *Ein Gefühl ist bewusst:* Erst wenn wir unsere Emotion bewusst wahrnehmen, weil wir die physiologische Veränderung wahrnehmen, können wir diese als Freude oder Scham interpretieren

BEISPIEL: FURCHT

Die Situation: Ich werde abends im Dunkeln verfolgt.

- physiologische Komponente: Herzrasen, schnelle Atmung, steigender Blutdruck, Ausschüttung von Adrenalin, angstvoller Blick, Schreien
- affektive Komponente = Gefühle: Angst, Furcht, Hilflosigkeit
- kognitive Komponente: Ich bin in Gefahr!
- Verhaltenskomponente: Kampf, Flucht (schnell weglaufen oder totstellen)

BEISPIEL: LEBENSFREUDE

Die Situation: Meine Freundinnen und Freunde und meine Familie schmeißen eine Überraschungsparty für mich.

- physiologische Komponente:
  - Unser Blut pulsiert etwas schneller in den Adern,
  - Unser Herz schlägt drei- bis fünfmal pro Minute schneller.
  - Die Temperatur der Haut steigt, weil sie besser durchblutet wird.
  - Die Muskeln im Schulter-, Arm- und Nackenbereich sind weicher.
  - Ein weiteres, nach außen hin sichtbares Zeichen ist das Lächeln.
- affektive Komponente = Lebensfreude, Glück, Freude, Begeisterung ...
- kognitive Komponente: Wir fühlen uns geliebt.
- Verhaltenskomponente: in die Luft springen, lachen, tanzen und die am liebsten die ganze Welt umarmen ...

Unsere Gefühle entspringen also unserem Körper und unseren Gedanken! Unsere Chance besteht darin, unsere Gedanken zu steuern, um somit unsere Gefühle (als eine Komponente der Emotion) steuern zu können!

ÜBUNG

DEIN CHECK: ICH UND MEINE LEBENSFREUDE

Schließe für einen Augenblick deine Augen und erinnere dich an das Gefühl von Lebensfreude.

Woran genau merkst du, dass du Lebensfreude empfindest?

____

____

____

Was tust du, wenn du Lebensfreude spürst?

____

____

____

Was ist dir dann möglich?

____

____

____

Woran merken andere, dass du dich deines Lebens freust?

____

____

____

EMOTIONEN HABEN EINE GROSSE WIRKUNG! Antonio R. Damasio, ein bedeutender Neurowissenschaftler, beschreibt Emotionen in seinem Buch »Ich fühle, also bin ich. Die Entschlüsselung des Bewusstseins« (2002) als »komplexes Hilfsmittel im Überlebenskampf«.

Wir können festhalten, dass alle Gefühle eine große Wirkung auf unseren Körper haben. Emotionen wirken sich zudem auf unsere kognitiven Fähigkeiten aus. Wenn wir unglücklich oder traurig sind, fällt es uns im Allgemeinen sehr viel schwerer, uns zu konzentrieren und zu motivieren. Und: Emotionen wirken sich auf unser Verhalten aus, weil sie einen großen Einfluss auf unsere Motivation haben. Das schauen wir uns nun genauer an.

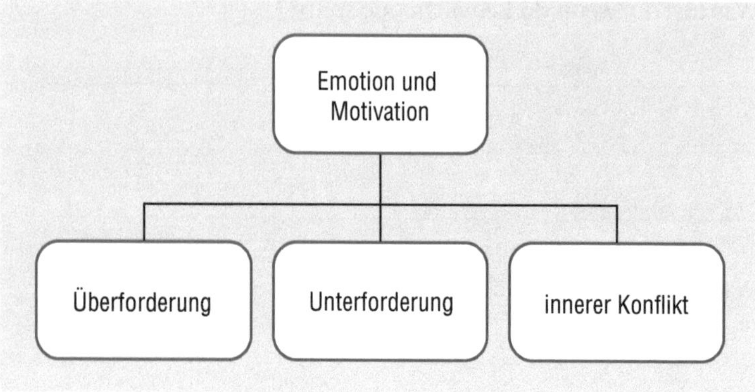

Wovon hängt es ab, ob wir uns motiviert fühlen oder eher nicht? Wenn wir vor Aufgaben stehen, die wir als zu schwierig oder zu leicht bewerten oder wenn diese mit einem inneren Konflikt verbunden werden, wird unsere Motivation rapide sinken. Wir werden sie in aller Regel nur dann ausführen, wenn wir dadurch die Aussicht auf Belohnung oder die Vermeidung von negativen Konsequenzen damit verknüpfen.

- *Überforderung:* Warum beschreiben Studierende den Weg zum Schreibtisch als den längsten und räumen lieber die Wohnung inklusive Kühlschrank auf, bevor sie mit dem Lernen anfangen? Warum drücken sich erfahrene Mitarbeiterinnen und Mitarbeiter um unliebsame Aufgaben? Warum schreiben viele Selbstständige viel zu spät ihre Rechnungen?
  Die Antwort liegt nahe: Sie befürchten, dass sie diese Aufgaben nur schwerlich meistern werden. Sie ahnen, wie viel Anstrengung damit verknüpft sein wird. Die Folge: Prokrastination!
- *Unterforderung:* Warum türmen sich bei vielen Berge voll Bügelwäsche auf? Warum mögen manche kein Unkraut jäten? Warum halten andere ihren Schreibtisch nicht gern ordentlich?
  Die Antwort ist klar: Weil sie sich dabei unterfordert fühlen. Wenn wir Aufgaben als sehr einfach, langweilig oder sinnlos einstufen, sinkt unsere Motivation rapide.

- *Innerer Konflikt:* Da haben wir einem guten Freund versprochen, bei der Renovierung der Wohnung zu helfen. Unserer Freundin haben wir zugesagt, dass wir beim Aufräumen des Dachbodens helfen. Unser Nachbar wartet schon länger auf unsere Unterstützung im Garten. Aber wir können uns nur schwer aufraffen und haben überhaupt keine Lust dazu. Warum ist das so?
  Dahinter könnte ein innerer Konflikt stecken, weil wir uns von der anderen Person nicht wertgeschätzt fühlen oder weil etwas Unausgesprochenes zwischen uns steht. Das wirkt sich ebenfalls negativ auf unsere Motivation aus.

Wenn du bei deinen Coachees feststellst, dass sie nicht motiviert sind und sich das negativ auf ihr Wohlbefinden und Gemütszustand auswirkt, so wäre es hilfreich, mit ihnen genau da hinzuschauen. Zunächst aber für dich ein erster Selbstcheck.

ÜBUNG

DEIN CHECK: DU UND MOTIVATION

Welche Aufgabe(n) schiebst du gern auf, weil du partout keine Lust dazu hast? Welche unerledigte Aufgabe wolltest du eigentlich schon längst erledigt haben?

____

____

Was könnte deine Motivation erhöhen?

____

____

Welche Art von Belohnung könnte dich dazu veranlassen, diese Aufgabe zu erledigen?

____

____

GUTE GEFÜHLE SIND KEIN SCHICKSAL! »Was für ein herrliches Leben hatte ich! Ich wünschte nur, ich hätte es früher bemerkt.« Kennst du diese Worte der französischen Schriftstellerin Colette? Es ist ein wunderschöner Gedanke, von dem wir schon jetzt profitieren können, wenn wir mit einer bestimmten Blickrichtung auf uns und unser Leben schauen. Wir können zu unseren Glücksgefühlen beitragen, indem wir unsere Aufmerksamkeit auf das Schöne in unserem Leben lenken. Es ist zu einem guten Teil an uns, das auch zu tun – es ist nichts Schicksalhaftes, das uns passiert, sondern hängt von unseren Gedanken ab. Die folgende Übung stammt aus dem Hörbuch » Das Glückspuzzle« (Engelmann 2013). Du kannst sie für dich und auch für deine Coachees nutzen.

ÜBUNG: HERRLICH LEICHT UND UNBESCHWERT

Begib einen Moment lang gedanklich an einen lauschigen Sommerabend in ein oder sagen wir zwei Jahren. Nimm gedanklich auf einer Schaukel Platz, auf der du in Kindertagen gern gesessen und geschaukelt und die Welt um dich herum vergessen hast. Halte dich gut fest, hole Schwung und lasse in Gedanken – wie früher … – deine Beine baumeln. So sitzt du nun da, schaukelst und fühlst dich ganz leicht und unbeschwert. Herrlich! Und während du nun sanft mit diesem schönen Gefühl hin und her schaukelst, richte deine gesamte Konzentration auf alle herrlichen Aspekte deines Lebens. Lade sie jetzt zu dir ein und betrachte sie einzeln.

Was ist schön in deinem Leben?

Was macht dir Freude?

Was genießt du?

Mit wem verbringst du gern deine Zeit?

Was ist einfach schön?

Und während du das tust, genieße das gute Gefühl tiefer Zufriedenheit und spüre, wie du langsam, aber sicher Lebensfreude tankst.

Sich mit den eigenen Gefühlen zu beschäftigen und auszukennen, ist für jeden von uns wertvoll.

ANREGUNG FÜR DICH: GEFÜHLE

Im Theorieteil zur siebten Stufe findest du den »Grundkurs Gefühle«. Wir empfehlen dir, damit anzufangen, wenn du mit deinen Klientinnen und Klienten an der Stufe »Lebensfreude« arbeitest. In allen Workshops zum Thema Resilienz und Glück habe ich die Erfahrung gemacht, dass sich die Teilnehmenden nie wirklich intensiv mit dem Thema Gefühle im Allgemeinen und mit ihren persönlichen Gefühlen auseinandergesetzt haben. Wenn sie damit aber beginnen, öffnet es ihnen die Augen und ist sehr bereichernd für sie. Dafür steht dir auch zwei Gefühlesammlungen als Inspirationsquelle und Gesprächsgrundlage zur Verfügung. (BE)

Ermutige deine Klientinnen und Klienten dazu, sich mit den nachfolgenden Glaubenssätzen auseinanderzusetzen, die sie zum Thema Lebensfreude haben. Mit diesem Soulfood sind sie immer gut ausgestattet!

ÜBUNG

DEIN CHECK: LEBENSFREUDE FÜR DICH TO GO

Unsere Kernpunkte:

- Gute Gefühle sind kein Schicksal!
- Lebensfreude heißt, ich fühle mich in meinem Leben zu Hause.
- Lebensfreude ist eine von sechs Basisemotionen, die zu unserem Glücksgefühl beiträgt.
- Lebensfreude steht für ein tiefes inneres Ja zu uns und unserem Leben!
- Lebensfreude setzt eine positive Aufwärtsspirale in Gang.
- Lebensfreude hat eine positive Wirkung auf das Selbstwertgefühl.

Kernsätze – Soulfood:

- Ich darf alle meine Gefühle fühlen!
- Ich sage Ja zu meinen Gefühlen!
- Lebensfreude macht mich lebendig!

- Ich kann mein Fotoalbum für glückliche Augenblicke jederzeit öffnen!

Deine Punkte:

____

____

____

FOOD FOR THOUGHT

- Auhagen, A. E. (Hrsg.) (2008): Positive Psychologie: Anleitung zum »besseren« Leben. 2. Auflage. Weinheim: Beltz.
  Wissenschaftlich fundiertes Buch zu Themen wie Vertrauen, Positives Denken, Gelassenheit, Geborgenheit.
- Eismann, G./Lammers, C.-H. (2017): Therapie-Tools: Emotionsregulation. Weinheim: Beltz.
  Die Bücher aus der Therapie-Tools-Reihe sind so wunderbar praxisnah – und dieses sehr wertvoll zum Thema Emotionsregulation.
- Ekman, P. (2010). Gefühle lesen: Wie Sie Emotionen erkennen und richtig interpretieren. 2. Auflage. Heidelberg: Springer.
  Wenn du dich intensiv mit Gefühlen und wie du sie richtig lesen kannst bei dir und anderen beschäftigen möchtest, dann ist das fast schon ein Klassiker.
- Engelmann, B. (2013b): Das little Black Book zum Glück. 77 ½ Tipps, die glücklich machen. Weinheim: Wiley-VCH.
  Hier ist für jeden etwas dabei – viel Freude auf deinem Weg zum Glück!
- Fredrickson, B. L. (2011): Die Macht der guten Gefühle: Wie eine positive Haltung Ihr Leben dauerhaft verändert. Frankfurt am Main: Campus.
  Das ist ein hilfreiches Buch für alle, die sich näher mit Gefühlen beschäftigen möchten.

Wir wünschen dir viel Freude mit dem Thema Lebensfreude – ob für dich persönlich oder deine Klientinnen und Klienten …

ANREGUNG FÜR DICH: EMOTIONEN

Die nachfolgenden Übungen zur Emotion Lebensfreude werden deine Coachees ermutigen, sich mit ihren Gefühlen im Allgemeinen und darauf aufbauend mit ihren positiven Emotionen – allen voran Lebensfreude – zu beschäftigen.

Wir empfehlen dir, deinen Coachees zunächst theoretischen Input zu geben, damit sie mehr über das Thema Emotionen erfahren und lernen. Im Anschluss daran können sie sich dann intensiv mit ihren eigenen Emotionen beschäftigen – vielleicht fällt es ihnen leichter, wenn sie wissen, dass Emotionen ganz natürlich, überlebenswichtig und wichtig für die Kommunikation mit anderen Menschen sind.

Da den meisten Menschen das Wort *Gefühle* geläufiger sein wird, kannst du unserer Ansicht nach die Wörter *Gefühl* und *Emotion* gern synonym verwenden.

Übungen Stufe 7: Lebensfreude

Die Übungen für die siebte Stufe »Lebensfreude« sind:

- Basiskurs Gefühle
- Gefühlvolle Aussagen *
- Eine gefühlvolle Sammlung
- Meine glückliche »Erinnerungskiste« *
- Lösungsfokussierte Fragen voller Lebensfreude *
- Gedankenblume »Das Schöne an Lebensfreude« *
- Mein Fotoalbum für glückliche Augenblicke *

Hier im Buch sind diejenigen, die mit Sternchen * gekennzeichnet sind. Alle Übungen zum Ausdrucken und Bearbeiten erhältst bei den Online-Materialien.

Sinnvoll finden wir es, wenn du mit deinen Coachees zunächst einen kurzen »Basiskurs Gefühle« machst. Diesen findest du bei den Online-Materialien.

ÜBUNG STUFE 7: GEFÜHLVOLLE AUSSAGEN

Lies dir die nachfolgenden Aussagen durch. Schätze bitte ein, inwiefern die Aussagen auf dich zutreffen (1 = trifft gar nicht zu, 10 = trifft vollkommen zu) und kreuze den zutreffenden Wert an.

Das Thema Gefühle interessiert mich sehr.	1	2	3	4	5	6	7	8	9	10
Das Thema Gefühle ist wichtig für mich.	1	2	3	4	5	6	7	8	9	10
Mit Gefühlen im Allgemeinen kenne ich mich gut aus.	1	2	3	4	5	6	7	8	9	10
Ich kenne mich gut mit meinen Gefühlen aus.	1	2	3	4	5	6	7	8	9	10
Ich denke gern darüber nach, was genau ich fühle.	1	2	3	4	5	6	7	8	9	10
Ich fühle gern alle Gefühle.	1	2	3	4	5	6	7	8	9	10
Ich rede gern mit anderen über Gefühle.	1	2	3	4	5	6	7	8	9	10
Ich achte gut auf meine Gefühle.	1	2	3	4	5	6	7	8	9	10
Meine Gefühle kann ich gut erkennen und benennen.	1	2	3	4	5	6	7	8	9	10
Ich bin ein Gefühlsmensch durch und durch.	1	2	3	4	5	6	7	8	9	10
Meine Gefühle behalte ich für mich – sie gehen niemanden etwas an.	1	2	3	4	5	6	7	8	9	10
Ich kann mich an besondere Situationen in meinem Leben genau erinnern und weiß noch, wie ich mich dabei gefühlt habe.	1	2	3	4	5	6	7	8	9	10
Manchmal machen meine Gefühle mir etwas Angst.	1	2	3	4	5	6	7	8	9	10
Manchmal tut es mir weh, wenn ich mir wirklich erlaube, meine Gefühle zu fühlen.	1	2	3	4	5	6	7	8	9	10
Ich finde es okay, Gefühle zu verdrängen.	1	2	3	4	5	6	7	8	9	10
Meine Gefühle haben einen großen Einfluss auf mein Lebensgefühl.	1	2	3	4	5	6	7	8	9	10

Das ist deine persönliche Bestandsaufnahme zu Gefühlen – wie geht es dir damit? Was denkst du darüber?

ÜBUNG STUFE 7: MEINE GLÜCKLICHE »ERINNERUNGSKISTE«

Du hast bisher auf deinem Lebensweg sicher viele schöne Erinnerungen gesammelt. Für dein Gefühl von innerer Stärke ist es wohltuend, wenn du lernst, bewusst auf diese Erinnerungen zurückgreifen und von ihnen zehren können. Öffne deine glückliche »Erinnerungskiste« und schreibe deine Lieblingserinnerungen auf.

- So kannst du jederzeit auf diese glücklichen Erinnerungen zurückgreifen und dir die damit verbundenen positiven Gefühle in Erinnerung bringen kannst, um sie wieder zu fühlen.
- Du wirst dir bewusst wie dankbar du für diese glücklichen Augenblicke in deinem Leben bist.
- Du bekommst auf diese Weise Lust, dir neue Erinnerungen zu schenken.
- Mithilfe der Erinnerungskiste kannst du Lebensfreude fühlen und genießen.

WENN ICH MEINE GLÜCKLICHE ERINNERUNGSKISTE ÖFFNE,
DANN FREUE ICH MICH ÜBER …

ANREGUNG FÜR DICH: ERINNERUNGSKISTE

Wenn du vermutest oder bemerkst, dass deinen Coachees diese Übung gefällt, dann könntest du anregen, dass diese mit einer »echten« Erinnerungskiste arbeitet. Wir haben sehr gute Erfahrungen mit »echten« Erinnerungskisten und Boxen gemacht. Wir empfehlen unseren Coachees sehr gern, sich eine schöne Box auszusuchen, die als Erinnerungskiste verwendet wird.

ÜBUNG STUFE 7: LÖSUNGSFOKUSSIERTE FRAGEN VOLLER LEBENSFREUDE

Was trägt dazu bei, dass du Lebensfreude empfindest?

Wie gelingt es dir, dass du dich deines Lebens freust?

Einmal angenommen, du bist bereits jetzt eine Expertin für Lebensfreude – was genau würde dich auszeichnen?

Angenommen, andere betrachten dich ebenfalls als Expertin für Lebensfreude und fragen dich um Rat. Was würdest du ihnen raten, damit sie mehr Lebensfreude in ihr Leben bringen?

Nur mal angenommen, du würdest dir selbst einen Tipp für mehr Lebensfreude geben sollen, was würdest du dir raten?

____

____

Was hat dir bisher in bestimmten Situationen geholfen, Lebensfreude zu spüren?

____

____

Was hat dir in für dich sehr schwierigen Momenten geholfen, ein kleines bisschen Lebensfreude zu fühlen?

____

____

In welchen Situationen fällt es dir leicht, Lebensfreude zu empfinden?

____

____

In welchen Situationen fällt es dir eher schwer?

____

____

Was würdest du als Expertin für Lebensfreude dir in solch einer Situation raten?

____

____

Warum solltest du unbedingt auf deinen eigenen Rat hören?

Wie viel Raum gibst du dir bewusst am Tag für das Gefühl von Lebensfreude?

Was sind deiner Ansicht nach die positiven Effekte von Lebensfreude für dich persönlich?

ANREGUNG FÜR DICH: LÖSUNGSORIENTIERTE FRAGEN

Wenn du diese Übung mit deinen Coachees durchführst, dann kannst du ihnen die positive Wirkung der lösungsorientierten Fragen nahebringen.

Allein die Tatsache, dass deine Coachees sich mit Fragen rund um Lebensfreude beschäftigen, rückt Lebensfreude in den Fokus ihrer Aufmerksamkeit. Das ist auch der erwünschte Effekt.

Als Soulfood kannst du deinen Coachees folgende Sätze mit auf den Weg geben. Sie können ihre Gedanken dazu gern aufschreiben.

SOULFOOD

- Wenn es mir mal nicht so gut geht, möchte ich mich in Zukunft daran erinnern, dass ich schon oft in meinem Leben ein tiefes Gefühl von Lebensfreude gespürt habe.
- Ich kenne das Gefühl von Lebensfreude!

- Um dieses Gefühl von früher wieder lebendig werden zu lassen, werde ich

___

___

- Lebensfreude macht mich lebendig!
- Ein wundervoller Moment in meinem Leben, in dem ich mich mit mir selbst, meinem Leben und den Menschen um mich herum verbunden gefühlt habe, war:

___

___

- Ich halte das Gefühl von Lebensfreude lebendig! Dazu nehme ich mir Folgendes vor:

___

___

ÜBUNG STUFE 7: GEDANKENBLUME »DAS SCHÖNE AN LEBENSFREUDE«

Schließe für einen Augenblick deine Augen und frage dich, was du mit dem Gefühl von Lebensfreude assoziierst. Was denkst du, wenn du das Wort Lebensfreude hörst? Frage dich, inwiefern Lebensfreude dir guttut. Was ist das Schöne an Lebensfreude für dich?

Trage spontan deine Gedanken zu den Fragen in die Gedankenblume ein, die dir in den Sinn kommen.

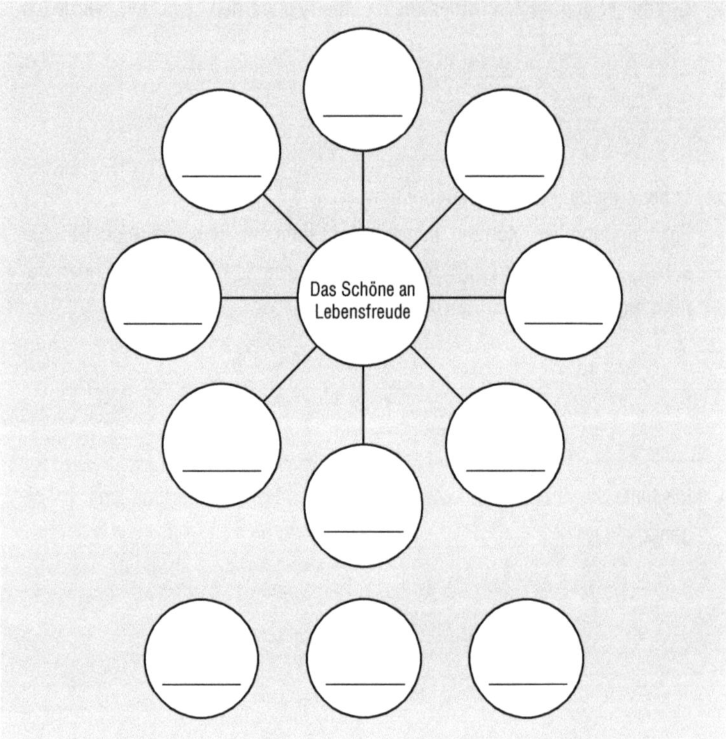

Wenn dir noch mehr dazu einfällt, kannst du deine Gedanken hier eintragen. Nach und nach. In deinem Tempo und wann immer dir etwas dazu einfällt. Viel Freude mit deiner Lebensfreude.

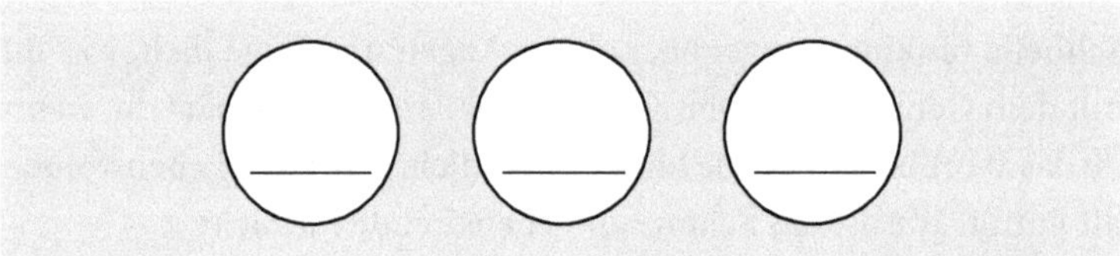

ÜBUNG STUFE 7: MEIN FOTOALBUM FÜR GLÜCKLICHE AUGENBLICKE

Stell dir vor, du hast ein ganz besonderes Fotoalbum: dein Fotoalbum für glückliche Augenblicke. In deinem persönlichen Fotoalbum ist allerdings nur Platz für fünf besonders glückliche Augenblicke deines Lebens.

- Welchen Fotos würdest du dort einen Platz geben? Klebe oder male sie in die freien Felder.
- Bitte skizziere mit wenigen Worten den glücklichen Augenblick.
- Was macht ihn so besonders – begründe deine Auswahl. Richte deine Aufmerksamkeit besonders auf deine guten Gefühle dabei.

Das war ein glücklicher Augenblick, weil ...

____

____

____

____

Das Besondere daran war für mich ...

____

____

____

Das war ein glücklicher Augenblick, weil ...

____

____

____

____

Das Besondere daran war für mich ...

____

Das war ein glücklicher Augenblick, weil ...

____

____

____

____

Das Besondere daran war für mich ...

____

Nur einmal angenommen, du hättest in deinem Fotoalbum für glückliche Augenblicke noch ein paar Seiten frei, welche Fotos würdest du noch dort hineinkleben? Begründe deine Antwort.

____

____

____

Als Soulfood kannst du deinen Coachees Folgendes mit auf den Weg geben.

SOULFOOD

- Für den Fall, dass es mir einmal nicht so gut geht, kann ich jederzeit mein Fotoalbum für glückliche Augenblicke öffnen.
- Ich kann mein Fotoalbum für glückliche Augenblicke jederzeit öffnen!

Teil 3

Die beiden Pole Stille und Bewegung

»Außenbereiche der Resilienzleiter«

In diesem dritten Buchteil gehen wir noch kurz auf die »Außenbereiche« der Resilienzleiter ein. Die Stufen der Resilienzleiter sind links und rechts eingefasst von Stille und Bewegung. Nehmen wir an, diese Seiten sind Pole, die einander bedingen. Pole, die trotz ihrer offensichtlichen Gegensätzlichkeit für die erfolgreiche Resilienz und für jede einzelne Stufe auf dem Weg zur inneren Stärke Partner sind.

Resilienz besteht für uns aus sieben Stufen, die wir nacheinander besteigen können. Egal, ob wir uns dabei auf Stufe 2 oder 6 befinden – wir müssen immer wieder innehalten und in uns hineinhorchen (in die Stille gehen) und dennoch in Bewegung bleiben, um auf der Leiter weiter nach oben zu gelangen.

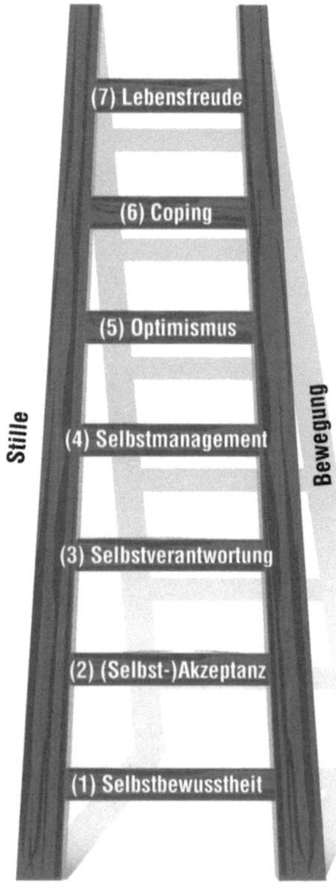

DER ERSTE POL STILLE

Der eine Pol ist die Stille, deren Wirkung und Wichtigkeit häufig unterschätzt wird. »Wenn man seine Ruhe nicht in sich selbst findet, ist es zwecklos, sie anderswo zu suchen.« Diesem Zitat von François de La Rochefoucauld stimmen wir aus vollstem Herzen zu. Wir sind mit den vielen Geräuschen in unserem Leben so beschäftigt, dass wir manchmal kurz davor sind zu verlernen, tief in uns hineinzuhorchen und die Erfahrung zu machen, dass dort alle Informationen und Antworten sind, die wir benötigen.

STILLE. EINE EINLADUNG FÜR DICH. Aus unserer Sicht verdient die Stille eine besondere Wertschätzung. Manchmal scheint Stille bedrohlich. Absolute Stille (Totenstille) kann Angst auslösen. Angst, dass nichts mehr da ist, wir keine Orientierung mehr haben. Oder Angst, dass nun die Stimmen zu Wort kommen, die wir im Alltag durch unsere laute Geschäftigkeit erfolgreich zum Schweigen bringen. Doch wie sollen wir unser Spiegelbild sehen, wenn wir laufen und der See Wellen schlägt?

STILLE AUSHALTEN = MICH AUSHALTEN. »In der Stille zeigen sich unbefriedigte Bedürfnisse und ungelebtes Leben. Das muss man aushalten können«, sagt Anselm Grün im Film »Die stille Revolution« (2018). Stille kann wirklich still sein. Mit gutem Grund gehen wir der Stille oft aus dem Weg. Viele fragen sich: »Will ich wirklich hören und spüren, wie es mir tief in mir geht, wenn ich innehalte? Und was mache ich dann, wenn ich merke, dass es mir nicht gut geht?«

Stille erfordert viel Mut! Stille erfordert zudem Vertrauen und einen Raum, der Stille ermöglicht. Einen Raum, in dem es möglich ist, zu sein. Vielleicht ist dies dein Coaching-Raum, vielleicht ist dies aber auch dein innerer Raum der Gelassenheit (s. Stufe 5). Das kann ebenso ein Ritual sein, das dich regelmäßig in deine Mitte und zur »Besinnung« kommen lässt. Im Grunde unsere Seele ist immer ein *Raum der Stille* – er steht uns immer zur Verfügung!

Beispielsweise erreichen wir diesen Raum durch Entspannung, Meditation oder Bewegung in der Natur. Wir können wir ihn regelmäßig aufsuchen und kurz in uns selbst heimkehren.

DER ZWEITE POL BEWEGUNG

Der zweite Bereich, der die Resilienzleiter umrahmt, ist die Bewegung. Und hier gilt: »Das Ziel ist nichts, die Bewegung ist alles« (Eduard Bernstein), denn wir können nicht nichts tun. Sobald wir denken, »fertig« oder »angekommen« zu sein, hat sich die Welt schon wieder weitergedreht.

LEBEN IST BEWEGUNG. Wir brauchen Ruhe und Stille, um uns zu besinnen, aufzutanken und mit frischem, bewussten Geist kraftvoll und kreativ sein zu können. Aber wir sollten nicht in dieser Stille verharren, uns in ihr ausruhen. Das Leben ist Bewegung und nur wer sich bewegt, kann an Kraft gewinnen, sich stark und lebendig fühlen! Unser Körper ist sowieso ein Bewegungsapparat. In Bewegung kann er Stress abbauen, überflüssige Gedanken entsorgen und gesundheitsförderliche Prozesse fließen lassen. Wir fühlen uns psychisch stärker, wenn wir körperlich fit sind. »Machen Sie Liegestütze«, war schon mehrfach eine aus dem Coaching resultierende »Hausaufgabe«. Im Coaching ist Bewegung keine Option, sondern eine Notwendigkeit, denn:

- Auf Haltung folgt Handlung.
- Ressourcen müssen mobilisiert werden.
- Aktivierendes Coaching heißt: Ich bringe dich in Bewegung!

MEIN KÖRPER IST MEIN FREUND. Um die erste Stufe der Resilienz, die Selbstbewusstheit, zu besteigen, ist Feingefühl die Grundlage. Unser Körper hilft uns, klar zu sehen, wo wir stehen und wie es uns geht. Er reagiert erst »fein« und sanft und gibt uns in bester Absicht(!) voller Liebe zu uns Signale (ein bisschen Magengrummeln, leichter Kopfschmerz, ein »ungutes« Gefühl ...). Je mehr wir uns mit unserem Körper, Kopf und Seele zusammen »in Bewegung setzen«, umso bewusster werden wir bereits kleine Signale wahrnehmen. Und mit dem Werkzeug der sieben Resilienzstufen ist es gar nicht notwendig, dass wir auf »heftigere« Signale warten. – Wir übernehmen Verantwortung und stärken uns auf allen Ebenen proaktiv, um ein gesundes, starkes und zufriedenes Leben führen zu können.

ÜBUNG

DEIN CHECK: ICH, STILLE UND BEWEGUNG

Was bedeutet »Stille« für mich? Möchte ich mehr oder weniger Stille in meinem Leben?

____

____

____

Was bedeutet »Bewegung« für mich? Möchte ich mehr oder weniger Bewegung in meinem Leben?

____

____

____

Na, ist deine Leiter ausgewogen aufgestellt? Ist eine Seite stabiler als die andere? Denke daran: Es geht nie um »die perfekte Leiter«. Es geht darum, dass du dir bewusst macht, was ist.

FOOD FOR THOUGHT

Janssen, B. (2021): Stille. Weil nur in ihr Veränderung entsteht. 2. Auflage. München: Ariston. Ein wunderschönes Mini-Buch mit kurzen Impulsen und konkreten Fragen, Aufgaben und Übungen.

Teil 4

Anhang

Outro

Dina: »Liebe Bea, nun sind wir am Ende unseres Resilienz-Buches angelangt. Wie geht es dir damit und was ist dein Fazit?«

Bea: »Ich bin ganz dankbar und danke dir! Mir hat es Spaß gemacht und außerdem habe ich selbst auch noch etwas gelernt. Ich freue mich sehr darauf, meine Coachees und Workshopteilnehmer in puncto Resilienz und Selbstliebe damit zu unterstützen.

Und du, liebe Dina? Was ist dein Resümee und was möchtest du unseren Leserinnen und Lesern abschließend noch mit auf den Weg geben?«

Dina: »Ich bin beseelt über unser gemeinsames Projekt, mir hat es super viel Spaß gemacht! Und ich merke, wie ich mich darauf freue, die neuen Gedanken in meinen Coachings weiterzugeben und weiter zu coachen, was ich wirklich liebe.

Und allen unseren Leserinnen und Lesern wünsche ich von ganzem Herzen, sich mutig selbst zu lieben. Mit Sicherheit wird die Welt dadurch ein kleines Stückchen friedlicher werden.«

Bea, Dina und Volker: »Über jede Anregung, Feedback und deine Resilienz- und Coaching-Erfahrungen freuen wir uns. Schreibt uns gern! Und vielleicht habt ihr auch Lust, uns kennenzulernen! Wir alle drei freuen uns auf euch und schicken euch von Herzen stärkende Grüße.«

- Bea Engelmann: willkommen@bea-engelmann.de
- Dina Loffing: dl@drdinaloffing.de
- Volker Biesel: volker.biesel@context-prozessberatung.de

Über die Autorinnen

BEA ENGELMANN ist eine Glücksverbreiterin. Sie liebt die Arbeit mit Menschen, das Leben, ihre Familie und das Glück. Als Expertin für Positive Psychologie hat sie über Glück geforscht und glaubt daran, dass jede und jeder von uns der Schlüssel zu seinem Erfolg und Glück ist.

Die Betriebswirtin, Psychologin und Coach arbeitet in unterschiedlichen Settings mit Coachees, Teams, Leadern und berät Organisationen in Changeprozessen. Sie weiß, dass Leben Veränderung bedeutet und sagt Ja zu Veränderungen! Sie ist davon überzeugt, dass Change nicht auf Zufall, sondern Kompetenz beruht. Deshalb ermutigt und befähigt sie Menschen und Organisationen dazu, Ja zum Leben und Ja zur Veränderung zu sagen. Ihre Schwerpunktthemen sind Führung, Kommunikation, Organisations- und Persönlichkeitsentwicklung sowie Resilienz und wertschätzende Führung. Sie ist Autorin zahlreicher Bücher.

Bea Engelmann ist durch und durch authentisch und lädt Menschen dazu ein, sich selbst zu begegnen, zu entwickeln und die beste Version von sich selbst zu werden.

Mehr zu Bea Engelmann findest du unter: www.bea-engelmann.de

DR. DINA LOFFING ist eine Lebens-Liebhaberin. Sie arbeitet als Psychologin, Coach und Beraterin und hat in den letzten zwölf Jahren zahlreiche Menschen und Unternehmen in Beratungssettings, Trainings, Team- und Einzelcoachings begleitet und unterstützt. Schwerpunkte ihrer Arbeit sind Führung, Teamentwicklung, Organisationsentwicklung und Resilienz. Sie hat sich zu ihrer Mission gemacht, Menschen und Systeme zu befähigen, sich selbst zu kennen, zu mögen, sich selbst ein treuer Freund zu sein und im Frieden mit Unveränderlichem gut für sich selbst zu sorgen. Sie wird als klar, kompetent und mit vollem Herzen präsent bezeichnet. Dabei lebt sie ihr Motto: »Die lohnendste Arbeit ist die mit sich selbst.«

Mehr zu Dina Loffing findest du auf www.drdinaloffing.de

VOLKER BIESEL ist Geschäftsführer der CONTEXT Vertrauen & Entwicklung GmbH. Als Organisationentwickler und Großgruppenmoderator begleitet er Unternehmen aller Branchen in unterschiedlichsten Entwicklungsprozessen. Er sieht Veränderungsprozesse in Unternehmen und anderen Organisationen immer verbunden mit der persönlichen Entwicklung von MitarbeiterInnen und Führungskräften. Als Ausbilder für Business-Coaching und Lerncoaching ist er im gesamten deutschsprachigen Raum im Einsatz. Neben dem Coaching sind seine Schwerpunkte Selbstmanagement und Motivation. Seine besondere Leidenschaft liegt in der Arbeit mit Ambivalenzen und deren Integration zur Persönlichkeitsentwicklung. Das macht das Leben lebendig.

Mehr findest du unter www.context-prozessberatung.de

Die Online-Materialien

Alle Übungen zum Ausdrucken und Bearbeiten erhältst du bei den Online-Materialien auf der Homepage des Beltz Verlags beltz.de direkt beim Mini-Handbuch.

Bitte folgendes Passwort eingeben:

tbifY+RC7!

(Groß- und Kleinschreibung bitte beachten!)

Literaturverzeichnis

Allmer, H. (1996): Erholung und Gesundheit. Göttingen: Hogrefe.

Auhagen, A. E. (Hrsg.) (2008): Positive Psychologie. Anleitung zum »besseren« Leben. 2. Auflage. Weinheim: Psychologische Verlags Union.

Baumann-Habersack, F. H. (2021): Mit transformativer Autorität in Führung. 3. Auflage. Wiesbaden: Springer.

Bäumerich, M. (2016): Ambivalenz und Beratung. Struktur von Ambivalenz und mediationsanaloges Bearbeiten. Norderstedt: Books on Demand.

Bindernagel, D./Krüger, E./Rentel, T./Winkler, P. (2013): Schlüsselworte. Idiolektische Gesprächsführung in Therapie, Beratung und Coaching. 2. Auflage. Heidelberg: Carl-Auer.

Birgmeier, B. (2011). Coachingwissen. 2. Auflage. Wiesbaden. VS.

Brown, B. (2017): Verletzlichkeit macht stark. Wie wir unsere Schutzmechanismen aufgeben und innerlich reich werden. 10. Auflage. München: Goldmann.

Carver, C. S./Scheier, M. F. (2002): Optimism. In: C. R. Snyder/Lopez S. J. (Hrsg.): Handbook of Positive Psychology. New York: Oxford University Press, S. 231–243.

Cormann, W. (2011): Selbstorganisation als kreativer Prozess. Ein systemisch-integrativer Ansatz zur Persönlichkeitsentwicklung. 1. Auflage. Stuttgart: Klett-Cotta.

Corssen, J./Ehrenschwendner, S. (2020): Lieben. Warum das größte aller Gefühle in Wahrheit eine Haltung ist. München: Kailash.

Covey, S. R. (2018): Die 7 Wege zur Effektivität. 58. Auflage. Offenbach: Gabal.

Csikszentmihalyi, M. (2015): Flow und Kreativität. Wie Sie Ihre Grenzen überwinden und das Unmögliche schaffen. 2. Auflage. Stuttgart: Klett-Cotta.

Csikszentmihalyi M. (2017): Flow: Der Weg zum Glück. 9. Auflage. Breisgau: Herder.

Damasio, A. (2002): Ich fühle, also bin ich: Die Entschlüsselung des Bewusstseins. Berlin: Ullstein.

Diedrichs, A./Krüsi, D./Storch, M. (2012): Durchstarten mit dem neuen Team. Aufbau einer ressourcenorientierten Zusammenarbeit mit Verstand und Unbewusstem. Bern: Huber.

Diedrichs, A./Eisenbart, U./Faude-Koivisto, T./ Meier, R./Weber, J. (2021): Ressourcenorientiertes Einzelcoaching nach ZRM. Theoretische Grundlagen und Coachingmanual für die Arbeit mit dem Zürcher Ressourcen Modell ZRM. Bern: Hogrefe.

Dilts, R. (2005): Professionelles Coaching mit NLP. Paderborn: Junfermann

Dilts,R./Hallborn, T./Smith, S. (1995): Identität, Glaubenssysteme und Gesundheit. 6. Auflage. Paderborn: Junfermann

Diviney, R. (2021): Die Attribute des Erfolgs. München: Redline.

Dorsch: Lexikon der Psychologie, https://dorsch.hogrefe.com/stichwort/selbstbewusstheit [02.08.2022]

Eismann, G./Lammers, C.-H. (2017): Therapie-Tools: Emotionsregulation. Weinheim: Beltz.

Ekman, P. (2010): Gefühle lesen. Wie Sie Emotionen erkennen und richtig interpretieren. 2. Auflage. München:

Ekman, P./Sorenson, E. R./Friesen, W. V. (1969). Pan-cultural elements in facial displays of emotions. Science, 164, 86–88.

Engelmann, B. (2022): Therapie-Tools Positive Psychologie. 3. Auflage. Weinheim: Beltz.

Engelmann, B.: (2019): Therapie-Tools Resilienz. 2. Auflage. Weinheim: Beltz.

Engelmann, B. (2013a): Das Glückspuzzle. Hörbuch. Weinheim: Beltz.

Engelmann, B. (2013b): Das little Black Book zum Glück: 77 ½ Tipps, die glücklich machen. Weinheim: Wiley-VCH.

Erikson, E. H. (1973): Identität und Lebenszyklus. Berlin: Suhrkamp.

Frankl, V. E. (2017): Wer ein Warum zu leben hat. Lebenssinn und Resilienz. Weinheim: Beltz.

Fredrickson, B. L. (2011): Die Macht der guten Gefühle: Wie eine positive Haltung Ihr Leben dauerhaft verändert. Frankfurt am Main: Campus.

Freud, S. (1931): Vorlesung der Neuen Folge: Die Zerlegung der psychischen Persönlichkeit. STA (Studienausgabe). Gutenberg.

Friedemann, D:/Fritz, K. (2015): Denken. Fühlen. Handeln. Mit psychographischer Menschenkenntnis besser arbeiten und leben. Wiesbaden: Springer.

Gilbert, D. (2006). Ins Glück stolpern. Über die Unvorhersehbarkeit dessen, was wir uns am meisten wünschen. München: Riemann.

Goleman, D. (1998): EQ Emotionale Intelligenz. 6. Auflage. München: dtv.

Goldstein, E. B. (2008): Wahrnehmungspsychologie: Der Grundkurs. Berlin Heidelberg: Springer.

Gollwitzer, P. M. (2012): Mindset theory of action phases. In: Lange, P./ Kruglanski, A. W./Higgins, T. E. (Hrsg.): Theories of Social Psychology. Band 1. Thousand Oaks, Ca: Sage. S. 526–545).

Gründling, K. (2018): Die Stille Revolution. Film. Mindjazz.

Hammelstein, P. (2006): Resilienz. In: Renneberg, B./Hammelstein, P.: Gesundheitspsychologie. Heidelberg: Springer.

Hanson, R. (2021): Das resiliente Gehirn. Wie wir zu unerschüttlicher Gelassenheit, innerer Stärke und Glück finden können. 2. Auflage. Freiburg: Arbor.

Heckenhausen/H., Gollwitzer, P. M./Weinert, F. E. (Hrsg.): Jenseits des Rubikon. Der Wille in den Humanwissenschaften. Berlin: Springer. S. 176–189.

Heckenhausen, H. (1989). Motivation und Handeln. Berlin: Springer.

Kabat-Zinn, J. (2020): Zur Besinnung kommen. Die Weisheit der Sinne und der Sinn der Achtsamkeit in einer aus den Fugen geratenen Welt. 2. Auflage. Freiburg: Arbor.

Kuhl, J. (2002): Motivation und Persönlichkeit. Interaktionen psychischer Systeme. Göttingen: Hogrefe.

Kuhl, J./Storch, M. (2013): Die Kraft aus dem Selbst. Sieben PsychoGymns für das Unbewusste. 2. Auflage. Bern: Huber.

Lazarus, R. S. (2005): Stress, Bewältigung und Emotionen. In: V. H. Rice u. a. (Hrsg.): Stress und Coping. Lehrbuch für Pflegepraxis und -wissenschaft. Bern: Hans-Huber, S. 231–263

Leeb, W. A./ Trenkle, B./ Weckmann, M. F. (2011): Der Realitätenkellner. Hypnosystemische Konzepte in Beratung, Coaching und Supervision. 2. Auflage. Heidelberg: Carl-Auer.

Lyubomirsky, S. (2018): Glücklich sein. Warum Sie es in der Hand haben, zufrieden zu leben. 2. Auflage. Frankfurt am Main: Campus.

Meyers, D. G. (2005): Psychologie. Heidelberg: Springer.

Migge, B. (2023): Handbuch Coaching und Beratung. 5. Auflage. Weinheim, Basel: Beltz.

Miller, W. R./Rollnick, S. (2009): Motivierende Gesprächsführung. 3. Auflage. Freiburg im Breisgau: Lambertus.

Nicolaisen, T. (2019): Emotionen in Coaching und Organisationsberatung 45 Praxis-Tipps für den Umgang mit bewegten Gemütern. Heidelberg: Carl-Auer.

Permantier, M. (2019): Haltung entscheidet. Führung und Unternehmenskultur zukunftsfähig gestalten. München: Vahlen.

Piaget, J. (2010): Meine Theorie der geistigen Entwicklung. Weinheim: Beltz.

Prieß, M. (2019): Resilienz. 3. Auflage. München: Goldmann.

Radatz, S. (2010): Einführung in das systemische Coaching. 4. Auflage. Heidelberg: Carl-Auer.

Reivich, K./Shatté, A. (2003): The Resilience Factor. Broadway Books.

Roth, G. (2018): Fühlen, Denken, Handeln. Wie unser Gehirn unser Verhalten steuert. 3. Auflage. Frankfurt am Main: Suhrkamp.

Sonneck, G. (1997): Krisenintervention und Suizidverhütung. 4. Auflage. Wien: facultas.

Schmidt, G. (2013): Menschen erschöpft. Organisationen erschöpft. Führung, was nun? Video (YouTube). https://www.youtube.com/watch?v=Z-bane7sxks8 [abgerufen am: 28.08.2022].

Schuster, N./Haun, S./Hiller, W. (2011): Psychische Belastungen im Arbeitsalltag. Trainingsmanual zur Stärkung persönlicher Ressourcen. Weinheim: Beltz.

Schwarzer, R. (2000): Stress, Angst und Handlungsregulation. 4. Auflage. Stuttgart: Kohlhammer.

Seligman, M. E. P. (2011): Flourish – Wie Menschen aufblühen: Die Positive Psychologie des gelingenden Lebens. München: Kösel.

Seligman, M. E. P. (2005): Der Glücks-Faktor: Warum Optimisten länger leben. 16. Auflage. Bergisch-Gladbach: Bastei-Lübbe.

Sprenger, R. (2015): Das Prinzip Selbstverantwortung. Wege zur Motivation. 13. Auflage. Frankfurt am Main: Campus.

Stahl, S. (2017): Jeder ist beziehungsfähig. Der goldene Weg zwischen Freiheit und Nähe. 4. Auflage. München: Kailash.

Storch, M./Krause, F./Weber, J. (2022): Selbstmanagement – ressourcenorientiert. Theoretische Grundlagen und Trainingsmanual für die Arbeit mit dem Zürcher Ressourcen Modell (ZRM®). 7. Auflage. Bern: Hogrefe.

Storch, M. (2009): Motto-Ziele, S.M.A.R.T.-Ziele und Motivation. In: Birgmeier, B. (Hrsg.): Coachingwissen. Wiesbaden: VS. S. 185–208.

Storch, M. (2011): Das Geheimnis kluger Entscheidungen. Von Bauchgefühl und Körpersignalen. 2. Auflage. München: Piper.

Stroebe, W./Jonas, K./Hewstone, M. (2003): Sozialpsychologie. Eine Einführung. Heidelberg: Springer.

Yalom, I. D. (2014): Yaloms Anleitung zum Glücklichsein. Dokumentarfilm.

Yalom, I. D. (2017): Wie man wird, was man ist. München: btb.

Wellensiek, S. K. (2016): Fels in der Brandung statt Hamster im Rad. Zehn praktische Schritte zu persönlicher Resilienz. 2. Auflage. Weinheim, Basel: Beltz.

Wengenroth, M. (2017): Akzeptanz- und Commitmenttherapie (ACT). Therapie-Tools. 2. Auflage. Weinheim: Beltz.

Windscheid, L. (2021): Besser fühlen. Eine Reise zur Gelassenheit. Hamburg: Rowohlt.

Wittgenstein, Ludwig (1963). Tractatus logico-philosophicus. Logisch-philosophische Abhandlung. Frankfurt am Main: Edition Suhrkamp.

Zebian, N. (2021): Welcome Home. Dein inneres Zuhause. München: Lotos.

Zimbardo, P. G./Gerrig, R. J. (2004): Psychologie. 16. Auflage. München: Pearson.